色史
本历

———— 不知历史者，无以图未来 ————

千面和珅

从侍卫到权相

孙 琳 ◎ 著

中国铁道出版社有限公司
CHINA RAILWAY PUBLISHING HOUSE CO., LTD.

图书在版编目（CIP）数据

从侍卫到权相：千面和珅 / 孙琳著 . — 北京：中国铁道出版社，2018.5（2022.1 重印）
ISBN 978-7-113-24199-5

Ⅰ . ①从… Ⅱ . ①孙… Ⅲ . ①和珅（1750-1799）－传记 Ⅳ . ① K827=49

中国版本图书馆 CIP 数据核字（2018）第 011185 号

书　　名：从侍卫到权相：千面和珅

作　　者：孙　琳

责任编辑：刘建玮　　　　　　　　电　　话：（010）51873038

装帧设计：天下装帧设计　　　　　电子信箱：liujw0827@163.com

责任印制：赵星辰

出版发行：中国铁道出版社有限公司（100054，北京市西城区右安门西街 8 号）

印　　刷：佳兴达印刷（天津）有限公司

版　　次：2018 年 5 月第 1 版　　2022 年 1 月第 2 次印刷

开　　本：710mm×1000mm　1/16　印张：11.75　字数：170 千

书　　号：ISBN 978-7-113-24199-5

定　　价：42.00 元

从自强不息到一条白绫

> 在历史的长河中，那些帝国的崩溃、王朝的覆灭、执政
> 党的下台，无不与其当政者不立德、不修德、不践德有关，无
> 不与其当权者作风不正、腐败盛行、丧失人心有关。
>
> ——《做人与做官》

对于中国人而言，和珅的名字，始终遭人唾弃，一代巨贪的形象
无异于魔鬼一般，令人深恶痛绝。

是的，和珅的出现，的确曾在中国引起巨大的震荡，以致数百年
来，人们依然饶有兴趣地品评他是如何从一个自强不息的少年到用一
条白绫结束自己生命的传奇一生。

拂去历史的烟尘，真实的和珅究竟是怎样的？他的一生隐藏着什
么样的经历？从人性的角度去分析，为什么他青少年时代的奋进，就
像眼前的朝阳一样明亮而耀眼，到权倾朝野时却又如狼一般的贪婪？
最后，权至极致，戛然而止，被一条白绫结束了生命。

今天的我们又能从他的身上接受什么样的教训呢？

和珅从一个默默无闻的满族子弟，成长为权倾天下的军机大臣，
他的蜕变，隐秘、奇崛、危险，深埋着哪些秘密？当他权倾朝野，沐
浴着大清帝国盛世的光芒，他开始狂妄自大，谄媚皇帝，倾轧幕僚，
兴风作浪，露出了狼一样的嘴脸，巩固了自己在朝中的地位；他巧舌

如簧，耍尽了阴谋诡计，深得皇帝的欢心，捞取政治资本；骄横、贪婪、傲慢、狡诈、奢侈，几乎所有坏事，他都做了。从另一个角度看，他又是才华横溢、聪明睿智、胆大心细、极有办事能力的人。

和珅为官二十余载，聚积家资折合白银八亿两，几近乾隆时朝廷十余年的财政收入，富可敌国，成为乾隆盛世的"恶性肿瘤"。奇怪的是，对于这样一个超级巨贪，被奉为一代明君的乾隆皇帝却为何始终宠幸于他，让他如此飞黄腾达、青云直上？

和珅在乾隆当政时，之所以能呼风唤雨、聚敛家财，难道仅因为他是个投机取巧、阿谀奉承之人？

答案应该是否定的。

翻阅研究了有关资料后，你会发现，和珅是个勤勉刻苦、智慧超群的办事能人；他不仅工于权术，也精通满、汉、蒙、藏四种语言；他有政治家的谋略、谋略家的智慧、大商家的精明。他的过人之处，才是他得宠于乾隆皇帝的原因。当乾隆帝年至耄耋，颓老倦勤之时，和珅趁机独揽大权，总揽了大清帝国的一切。他在集国家行政权、财权、兵权、人事权于一身后，成为乾隆皇帝的理财高手、办事奇人，深得老皇帝的宠幸；与此同时，他张开了贪婪大口，把公产"理"到了他自己家中。

"和珅跌倒，嘉庆吃饱"。民间的这一说法，也深刻地阐明了和珅的命运和结局。

在权力的巅峰，和珅看见了一条白绫，飘飘荡荡地悬挂在房梁上，那是他的宿命和结局。

和珅的结局，说明了什么？

他的一生，是成功还是失败？

拂去历史的厚厚尘埃，仔细研究他的成功和失败，你会看到，和珅的为人做官，是与众不同的。他饱读诗书，却摒弃了儒家的繁文缛节；他按照中国人做人做事的道理，纵横朝野，达到了所向披靡的"境界"；他掌握了人性的秘密，他的所作所为，会给身处各种迷局而无法脱身之人带来无尽的启示。

目录

第一章　少年和珅的坎坷奋斗路

艰难困苦，玉汝于成。

——古语

和珅的童年和少年，历经苦难，三岁丧母，九岁丧父。过早地面临困难，他是怎么走过的？

那个时候的他牵着弟弟的手，在继母的白眼下，忍受着生活的艰难。为了生计和学业，他忍受着屈辱，四处借贷，四处碰壁。小小年纪，和珅便经受了无数的苦难，心灵在世态炎凉中苍凉，可人却越发坚韧、果敢和豪气十足。

苦难好似一块磨刀石，磨砺出他的豪气万丈。在万般无奈的情况下，他做出了大胆的决定，卖掉祖地，维持学业。

当咸安宫官学已经进入暮色中时，和珅还在读书。灯光把他年轻的身影印在墙上，是那样倔强和坚硬。他认定了只有完成学业，才会有前程。守着祖产，坐吃山空，不是有志男儿所为。

当他卖掉那块不大的祖地，用作他和弟弟和琳的学费时，他不仅大胆，还有一股豪气荡漾在心中。此后，他勤奋努力，聪明睿智，刻苦学习，终于从困境中走出来。和刑部尚书英廉的孙女结婚，更是明智之举，这门亲事为他的仕途之路开启了一扇光明之门。

从此，他步步高升。在荡漾着感动的心里，和珅总有一些欲望的东西在蠢蠢欲动。

童年遭厄运

乾隆十五年五月二十八日（1750 年 7 月 1 日）这一天，风雨交加，街上行人或身穿雨衣或头戴草帽，也有举着油纸伞的，行迹匆匆。这时，在位于北京西直门驴肉胡同内的常保家老宅里，传出一阵婴孩清脆而有力的哭声。

这个孩子就是本书的主人公和珅，钮祜禄氏，字致斋，原名善保，自号嘉乐堂、十笏园、绿野亭主人，满洲正红旗人。

父亲看着他娇嫩的小脸，从自家的万字文木格窗望出去，只见几只鸟儿从黑厚的乌云间飞掠而过，他心中的欣喜和忧愁，又各增添了几分。欣喜的是钮祜禄氏家族，终于后继有人，自己有儿子了；愁的是他身在福建任职，远隔千山万水，不能陪伴儿子成长，给他一个好环境。他看着依偎在妻子身旁昏睡的儿子，伸手掖了掖被角。他喜忧参半的心里，复杂而无奈。他的这种心理暗示着什么，又隐喻着什么？后人已然无法知晓。他当然也不会想到，他的这个大儿子和珅，在今后的某一天会神奇发迹，成为清朝乾隆年间的大政治家、商人、诗人，中国历史上的权臣之一，清朝历史上的豪商，并因聚敛财富，贪污过巨，而被中国人视为巨贪。乾隆帝死后仅十五天，嘉庆帝便以一条白绫赐他自尽，终年才五十岁。

任何人的成长都有他合理的走向，童年的遭遇往往会影响一个人性格的形成。

和珅出生的时候，正是大清王朝的盛世岁月，是大清国经济繁荣、军事最为强大的时期。但由于清廷统治者们的骄奢淫逸，也为清朝后期的衰败埋下了伏笔；特别是后期用人不当，导致清政府内部庸才遍地，正直之士无法得以施展才华；对外高傲无理，闭关锁国，导致中国越来越落后于西方国家。和珅从神奇发迹到登上大清耀眼而辉煌的政治舞台，是否感到了他走过的石板路上，敲响一连串的坚实的脚步声？那是催促人心的力量。他经历过多少起落沉浮，尝过几多人情冷暖？站在权力的巅峰，他的迷失和陷落，早已在身体内部发出"哔哔剥剥"的爆裂声，他是否意识到了自己的结局？

这一切，他的父亲常保怎么会想到？

和珅如过山车般的命运，终将会被颠覆。

只有穿透那些漫长而污浊的夜晚，和珅才能看见自己命运的走向，他是否焦躁和悔恨？

小和珅在父母的呵护下一点点长大，家里有好吃的，母亲自己舍不得吃，留给他，有几尺布自己舍不得用，等着给他做衣，一心宠着她的第一个儿子。然而好景不长，和珅三岁那年，又是一个风雨交加的日子，母亲因难产永远地离开了他，懵懂的他还不知道母亲去了哪里，就再也见不到她了。

从此，苦难的日子开始了，父亲续弦，取了吏部尚书伍弥泰的女儿，把年幼的长子和珅和次子和琳丢给继室抚养，自己去福建任职。从此，和珅和弟弟和琳就在继母的白眼下艰难度日。

野史笔记中，就有关于和珅的继母对待孩子十分苛刻的记载。不是自己亲生的儿子，就不喜欢，和珅和弟弟和琳幼小脆弱的心灵，在继母难听的言语和难堪的脸色下，被伤得凄惨悲凉。和珅的继母自己没有孩子，又独守空房，还要管理家务、养育孩子，心情自然不好，和珅和弟弟和琳的日子，也就可想而知了。

乾隆二十五年（1760 年），和珅十岁，和琳七岁，父亲常保死在福建任上，和珅和弟弟和琳成了孤儿。家里没有了生活来源，经济拮据，继母在物质生活上，对两个孩子更加"苛刻"。和珅和弟弟和琳从此陷入水深火热之中。少贫无籍，应该是父亲去世后，和珅生活的真实写照。也许作为八旗后裔，他的生活不至于没有着落，但可以肯定的是，和珅在精神上，是不如意的。

童年的不幸，对和珅性格的影响很大。和珅的父亲常保有世袭的荫职，为人中正平和，做官清正廉明。他身为福建都统，多年戍守在外，很少在京城，无暇照顾家庭及和珅、和琳两兄弟，而继母对待他们也难见温情。因而，他们只能在继母的白眼下苦苦度日，凄凉痛苦。

不知是谁说了这样一句："苦难不是我们的泪点，幸福才是。"

一个人能否成功，要看他是否能把握自己的命运，和珅虽然年少，

却有面对惨淡人生的能力。

当和珅还在懵懂之年，就不得不面对生活的不幸和考验。在继母身边生活的日子，在人生的危境之中，他学会了察言观色，学会了如何揣摩人的心理。他是一个何等聪明的人啊！逆境面前坚持自己的目标和梦想，真正把困境变成砥砺心志的磨刀石，砥砺着他内心所能具有的坚硬，很少能有人做到这一点，和珅做到了，他是豁达的。

穷人的孩子早当家。父亲去世后，和珅带着弟弟和琳一起经受厄境的洗礼，在凄风苦雨中寻求出路，厄运不能夺其志，兄弟二人不向命运低头。试问，有几个十岁的孩子能做到？

那个时候，和珅家中基本没有额外收入，仅靠着官封地和父亲的薪俸过日子。虽然衣食无忧，却没有存下家财。父亲逝世后，他的生活便陷入困境之中，没有一夜安寝过，悲伤、失望、迷茫，甚至焦躁，让他尝尽了人间的疾苦。小小的他，意识到读书的重要性，他发誓，一定要上最好的学校，发奋读书，改变命运。

上学的那个早上，和珅在睡梦中惊醒，在朝霞中摸索着披衣下床，叫醒弟弟，颤抖着双手拿起书包，饿着肚子朝学校走去。

这一天，天气格外好。路上，和珅看到了茂盛的花草树木，以及匆匆往来的人们，天地之澄明、人生之壮丽，正吸引着他，他的脚步坚定而有力，踩着大地发出"咚咚"之声。

那一年，和珅九岁。时间是乾隆二十四年（1759 年）的夏天，他和弟弟和琳一起被选入咸安宫官学。

咸安宫官学是当时京城最好的学校，不是谁都可以进的，入学者为八旗子弟中长相俊秀者或内务府子弟，且学业成绩优异者，均是经过千挑万选，每年只有八十名左右的学生入学。学校的管理是严格的，设管理大臣、协理事务大臣，另有满汉总裁。总裁需是翰林，教师也多是翰林，极少数不是翰林的，也必是享有盛名的饱学之士通过考核后方可担任。学校不仅开设一般的经、史、子、集课程，而且还开设满、汉、蒙、藏等多种语言课，同时教授骑射、习用火器。可以说，咸安宫官学是培养文武全才者的贵族学校。

和珅和弟弟和琳都被选上进入这样一所学校，无疑是钮祜禄氏家族的骄傲。父亲常保高兴得走路时胡子都翘起来了。学校不收学费，日常生活费用需要自己负担。凭着父亲常保的薪俸，和珅与和琳倒也不必为日常开支操心。但"福无双至，祸不单行"，正当和珅和弟弟和琳发奋读书的时候，父亲却突然病逝，生活来源中断了，十岁的和珅突然又要面对厄运。

　　"天将降大任于斯人也，必先苦其心志……"

　　和珅和弟弟和琳的日常生活难以为继了，他又一次陷入了人生的低谷。还是学生的他，为了保障日常生活，不得不借钱度日。

　　咸安宫官学里，和珅感到了一阵冷风吹过自己的周身，他抱紧了膀子，开始向周围的亲戚朋友借钱，刚开始还有人借，次数多了，就无人再理他了。和珅知道，他们是怕自己的钱有去无回，还有的亲朋看不起他这样的穷亲戚，就连外祖父嘉谟也以为他只是一个借钱维持"高消费"的纨绔子弟。

　　面对这一切，和珅心里甚是悲凉，无比烦恼。只可怜还是个孩子的和珅，遭遇到如此的世态炎凉。

　　咸安宫官学里静谧无声，这静谧对于和珅来说，就是一种彻骨的煎熬。

　　迷茫中，和珅看到了大清国的和平昌盛。节奏缓慢的生活，虽置身于太平盛世，他却看到了远方掀起了一片尘烟，而他在这片混浊的烟尘中，被凄风苦雨所笼罩，体验这世态炎凉的滋味。前面的光景迷茫，和珅一脸的凄迷。

　　尽管这样，只有十岁的和珅，知道长兄为父的道理，这个小大人，牵不着长辈的衣襟，像只无枝可依的孤独的鸟儿，尽己所能地为兄弟二人筹钱，以继续学业。在孤独和无助中，和珅得到了锻炼，逐渐成长起来。困境给了他奋发向上的勇气。

　　孟子说：人都是"生于忧患，死于安乐"，若"天将降大任于斯人也，必先苦其心志，劳其筋骨，饿其体肤，空乏其身，行拂乱其所为"，然后才"动心忍性，曾益其所不能"。和珅的童年由盛而衰、幼年成孤、

借钱度日的经历，锻炼了他的心理承受能力，他坚忍而又深藏不露，沉稳持重。他就像一棵破土而出的嫩芽，在经历了凄风苦雨的洗礼之后，终于茁壮成长起来，焕发出无限的生机。他聪明、机敏、好学，成功是必然的。他的不幸经历，只是一个催化剂，加速了他自我砥砺、锻炼的进程，终使其位极人臣。

翘楚宫官学

和珅是在私塾里开始自己的启蒙教育的，像中国封建时代所有的孩童一样，从《百家姓》《三字经》《千字文》读起，进咸安宫官学读书，才开始接受系统的教育。

咸安宫官学是一所非同一般的官学学校，它创办于雍正六年（1728年）十一月，雍正帝亲自提议由内务府负责创办。命令"于内务府佐领管辖下的幼童及官学生内，选其俊秀者五六十名，或百余名，委派翰林等着住居咸安宫教习"。雍正七年（1729年）四月，内务府遵旨在景山官学生及内务府佐领管辖下的闲散幼童中，视其俊秀可以造就者，选择九十余名学生就学。

咸安宫官学坐落在皇宫西华门内，与武英殿相邻。明代时，这里为后妃居所，天启皇帝的乳母、曾与大太监魏忠贤狼狈为奸的客氏就曾居住于此。清兵入关后曾一度闲置不用。此后，康熙曾在这里拘禁过皇太子胤礽。雍正即位后，为加强对宗室和八旗子弟的思想教育及控制，巩固皇权，在这里建立了学校，以弥补位于神武门外北山门两侧景山官的学生功课不够系统专业的缺陷。

据有关资料记载："咸安宫官学由内务府一人为总管，负责督促检查。除各科教习外，设笔帖式一人，负责文书工作。起初学生不在学校住宿，晨入暮散，提供午餐。除学习所用笔墨纸砚、弓箭马匹等由官府提供外，每一学生每日补助伙食菜银五钱、米一升，每月发银二两为零花钱。"

学校分为汉书十二房、清书三房，各设教师一人，教授骑射和满语

的教师有三人。所设课程，主要有满、汉、蒙古语以及经史等文化课。每个学生同时还要学习骑射和习用火器等军事课程。

望着咸安宫官学房檐上的琉璃瓦，在上午的阳光下熠熠发光，和珅的心雀跃着，五年的学制不算长，可也不算短，他盼着自己期满考核能达到规定的一二等，这样就可以获得七八等笔帖式，得到缎匹、笔墨等赏赐；按照学校的规定：余者年幼留校继续学习；年长者退回本旗，都还可以参加三年一次的乡试、会试。由于宗室和八旗子弟参加的乡试、会试单独举行，录取比例特别高，因而只要进入咸安宫官学，就等于有半只脚已踏入了仕途，走上了飞黄腾达的快车道。

和珅在岁月的交替中，一步步地实现着自己的梦想，就像一条河流，不徐不缓地朝着既定的方向前行着，他是多么想快点学有所成，让自己的脚跟稳稳地站立在大清帝国的土地上。

在这所主要为培养内务府人员的优秀子弟而专门设立的学校就读的岁月，是和珅在苦难的煎熬中最惬意的时光。虽然他常常为自己和弟弟和琳的日常开销发愁，但毕竟他处于有盼头、有希望的环境里。他在咸安宫官学读书的时候，正值乾隆年间，学校的性质有所改变，它除了继续供内务府官员的优秀子弟就读外，生源已经主要是大量八旗官员的优秀子弟，这让和珅有点儿趾高气扬，也让他犹如遇到一场及时雨，在他干枯已久的心田落下，滋润着他那焦枯的心灵。

和珅没有理由不发奋刻苦地读书。

翻开曾任云贵总督和翰林院编修的吴振所著《养吉斋丛录》一书，我们可以看到这样的记载："咸安宫官学，在大内西华门内，为八旗官员子弟读书处。总裁以满、汉翰林各二员充。其后由掌院派充，满二员，汉四员。按日稽课，西配殿读满洲书者，则满总裁稽之。"在该校担任讲课的教师主要由翰林充任，至少也得是进士、举人出身者。学校分为汉书十二房，清书三房，主要教授文、武两科。文的有"四书五经"等儒家经典、清文（满文）与蒙古文、藏文，间有诗词、书画等方面的培训。武包括骑射、摔跤以及如何使用火器的军事课程等。每年都要定期对学生进行考核，成绩优异者授予相应的官职。一般来说，一等

的为笔帖式，满语为"巴克什"，意为"学者"，汉译为"书记手"，主要从事记录、誊写档案、文书以及翻译满、汉奏章等工作。据英廉后人福格（字申之）所著《听雨丛谈》中记载："笔帖式为文臣备储材之地，是以将相大僚，多由此途历阶。"二等的笔帖式为库使、库守。

咸安宫官学荟萃了八旗子弟精英于一堂，无疑是当时的一所优秀学校，相当于今天的名牌大学。和珅、和琳两兄弟在这里系统地学习文、武两科，福利待遇也好。他们像大清朝许多在该校读过书的精英一样，努力学习，成就着自己的学业。

聪明的和珅年纪虽小，却目光远大，他十分虚心地向大学士英和的父亲德保、军机大臣兼大学士阿桂、中丞良卿等人学习。他们在校期间就中了举人或进士。他们所学的各种知识，基础十分扎实，有人甚至到了古稀之年，"四书五经"还能倒背如流。那种品学兼优、风流倜傥的形象，在和珅的心里扎了根。在这些绝非等闲之辈的学长们的影响下，和珅意识到了他的使命和"天将降大任于斯人也"的紧迫感。他天资聪慧，记忆力强，过目不忘；再加上他有一股向上的精神，非常用功，大有将铁杵磨成绣花针的毅力和功夫，多次受到老师们的夸奖和表彰。对于他的博学强记，他的老师吴省兰、李潢和李光云诸人记忆深刻，并大力推崇，经常表扬他把传统国学典籍背诵得滚瓜烂熟。在学习期间，和珅还精通了满、汉两种文字，掌握了蒙古文和藏文以及西域秘密咒语。此外，他的诗词书画水平也有了一定程度的提高。

和珅如饥似渴地学习知识，汲取丰富的思想营养，在当时的同学中，成为翘楚。著名学者袁枚曾在表彰和珅、和琳兄弟时，说"少小闻诗通礼"。

精明的和珅深知自己身处困境，前程要靠自己去拼搏，虽已在诸同学中鹤立鸡群，却毫不放松努力的脚步，他凭着自己的意志来拼搭梦幻的楼台，他的梦没有人能撼得动。面对大多数八旗子弟终日沉浸在"花天酒地、纸醉金迷"之中的生活，和珅却毫不心动，他勤奋上进、出类拔萃。当他和弟弟和琳再次受到表彰的时候，两个人的眼角，都泛着几点泪花。

和珅的努力没有白费，咸安宫官学的学习，不仅使他掌握了各种知识技能，还让他结识了一批有背景的名人子弟，这是他日后崛起的宝贵的资源，再加上皇帝对这所学校毕业生的重视，都为和珅拿到了一块敲开仕途之门的砖，也为他日后为官时充分施展"才能"铺平了道路。

卖祖业求学

我们无法想象和珅的父亲常保死后，和家的门庭是怎样的冷落。高门大院前，是否还有鞍马？和珅和弟弟和琳如何维持生活？

经济来源断了，家境迅速败落。

和珅倚着窗棂出神，他默默地眺望着远天、树木、房屋，没有了固定的经济来源，一个学生只花钱不挣钱，如何坚持学业？

和珅和弟弟和琳被困在了生活的夹缝里。

和珅看见了窗外一棵古槐正在开花，大团大团的粉色花朵拥挤在一起，繁密又朴素至极，那树以苍劲的枝干高擎着簇簇鲜艳的花朵，仿佛在展示生命的旺盛，每一朵花都闪烁着朝气蓬勃的质感。树枝上鸟儿在蹦跳鸣唱，虫儿在忙着觅食，和珅的眼睛亮了起来，耳边响起了"书中自有黄金屋，书中自有颜如玉"的朗朗声音。和珅明白，自己家庭的现实情况，唯有刻苦攻读，求取科举的金榜题名才是唯一出路。

和珅一拳砸在窗框上，他咬了咬牙，下定了决心，无论如何也要把咸安宫官学的学业继续下去。

弟弟和琳走过来，牵住他的衣襟，看着他的眼神迷茫而无助。和珅拍拍弟弟瘦弱的双肩，牵着他的手，坚定地朝外面走去。屋外，阳光照亮了每一粒尘埃，他安详的表情上，清澈的泪水顺着脸颊蜿蜒而下。这个时候的他，是快乐还是悲伤？和珅听到了自己坚定的脚步声，他感觉到了，在自己抬眼的瞬间，遭遇到了父亲温热的目光。

和珅意识到了学习的重要性，那是他改变自己命运的唯一途径。为此，他将愿意承受更多的艰苦、孤独、贫穷，甚至凶险。作为一个孩

子，他是一个早熟并意志坚定的人。只是此时的他还不知道，他接下来将要面临的苦难，就像寂寞一样没完没了。

为了筹措生活费，和珅不得不一次又一次地四处借钱。在别人的白眼中，他羞愧难当，却坚定前行。他跑到父亲生前的故友家借钱。这些叔叔大爷们在他父亲活着的时候，踏破和家的门槛，那股亲热劲儿，至今，叠影一样在他孩童的眼前出现，他们绝不会见死不救，他满怀希望地登门借钱，却不是被赶出来就是吃闭门羹。一次次的乞求、一次次的屈辱之后，他没有借到一个铜板。涉世不深的他，遭遇的世态炎凉，足以让他的心荒凉。

令人欣慰的是，这一切冰冷、空旷和冷漠，除了让和珅见识了他所处的世界冷若冰霜，并没有让他陷入迷途，相反，他的意志更加坚定了。克己、苦行、冥想和不甘于贫困，成了他奋斗的动力和途径，这不是一个十二三岁孩子所能做到的，但是和珅做到了，他的行为超越了他的年龄，他灵魂的活跃，面庞的冷峻，内心的坚硬，是否暗示了他今后在仕途上的八面玲珑，以及贪婪和狡诈的疯狂？

眼看着他和弟弟的学业难以为继，家里拮据得无法活下去了，这时和珅想起祖父在保定还留有15顷官封地，由父亲部下赖五管理。由于常保长年在外当官，赖五趁机捞油，贪污上缴的银两，常保对此并不知情。常保死后，赖五把和珅家的15顷官封地据为己有，交的租银更少了。

陷入困境之中的和珅，带着仆人刘全去保定，本打算和赖五借银百两，以解燃眉之急。但那赖五却欺和珅年幼，先是假意热情，后以旱涝不定、土地收成少为由，拒绝了和珅。精明的和珅早就料到他会拒绝，也不再客气，指出赖五这么多年来贪占和家的租金至少三四成，父亲死后，又贪占二三成，和家念旧情，一直没有追究。现在和珅兄弟俩急用银两，赖五只要还上旧账也就够了，何必这般推托？

赖五的赖，此时表现得淋漓尽致，他不但不还旧账，竟然还鼓动和珅卖地。耍赖耍得如此理直气壮，和珅看着眼前这个人的无赖样儿，心底在无声地流血。这世态炎凉，让他感到一阵眩晕。

自古当官、经商的人有钱了，大多买地以作家产。富豪乡绅投资买地，广置良田，家境中落者不到万不得已也不会动卖地的念头。卖地是败家子的行为，何况和珅家的地是祖上传下来的官封地？赖五撺掇和珅卖地，目的是趁火打劫，想霸占和家的祖产。仆人刘全气得要打赖五，赖五凶相毕露，把和珅主仆二人赶了出去。

大街上的和珅以陌生的眼光打量着行人，心中的激愤快要将他淹没。他知道和赖五是没有道理可讲的，钱也是借不来的，地却是和家的。有理走遍天下，和珅拿着地契，一纸诉状将赖五告到保定府。谁知那赖五早已收买了保定知府，竟然判和珅无理取闹，勒索钱财。仆人刘全气得七窍生烟，却无奈无助。和珅这个时候却比谁都冷静，知道胳膊拧不过大腿，多说无益，转身就默默地走了出来。

和珅回头再看那知府衙门，气势宏大，各种复杂的廊道纵横交错，凌空伸展的飞檐表达着权力的扩张性，衙役瓮声瓮气的喊声，叫人害怕和敬畏，可是，为什么他却有理无处讲？

和珅陷入了一个左右为难的尴尬境地。

接下来该怎么办？弟弟和琳一定眼巴巴地等着他筹到钱上学呢。对！上学，对他和弟弟来说，是多么重要的一件事，他和他的全部希望都在于此！可他借不到一个铜板！中断学业，让人看自己的笑话？不！绝不！

"可是，我该怎么办？"和珅反问着自己。

一个念头出现在他的脑海里：卖地？他被自己的想法吓了一跳。卖地，对得起列祖列宗吗？不卖，自己眼看就要活不下去了，这样，就对得起他们了吗？

日子为何如此为难一个孩子？

小和珅虽小，但他的胸怀却不小。他反复权衡自己该何去何从？

如果死守这块田地，每年都会有一些地租收入，虽然不多，但基本生活是可以得到保障的，读书却不能了，自己再也不是一个学子出身，哪里还有向前奔的目标？把地卖了，至少有了读书的费用，自己却会被人戳断脊梁骨，继母的毒骂，周围人乱飞的唾沫星子，非把自己淹死！

一旦读书无果，一家人今后的生活，岂不是更加难以为继？

萧瑟的秋风中，和珅落寞地坐在满是落叶的台阶上，愁眉不展，无助无奈。天啊！我该怎么办？

此时，蔚蓝的天空，云卷云舒，有鸟儿展翅飞翔，那翅膀有力地禽动，似乎有着无限的生命力。和珅突然想到：自己的这一生是需要努力的，祖宗的遗产，虽然能够避免冻饿而死，但如果不努力，坐吃山空，却是万万要不得的。他站起身，踩着满地黄透了的树叶朝前走去。人生在世，总要有作为的！留着地产不如索性卖掉，取得资本，投入到读书和打拼上，博取一个前景美好的未来。

就这样，和珅忍痛卖掉了他家仅有的一块祖地，以继续维持学业。

十三岁的和珅，大胆、坚定、机敏、果断，意志如此坚强，这是常人做不到的。他终于放弃了半死不活的生存状态，牵着弟弟和琳的手，走向了艰难跋涉之路。

和珅扳着手指头一算，卖地的钱刚刚够和珅兄弟俩两年的生活费用。他拿着钱，迈着异常坚定的脚步，走进咸安宫官学的大门，开始了孜孜不倦的学习之路。

灯下，有他苦读的身影；课堂上，有他认真听讲的坐姿；操场上，有他练习骑术、剑术的身影。

当那些贵族子弟不学无术、玩物丧志的时候，和珅兄弟俩却勤勉刻苦地学习着，为自己能够破茧成蝶做着准备。他的优秀，常常被学校表彰。他那颗少年的心，装着大理想、大智慧和坚强的意志。他的眼里，始终跳跃着一团红色的火焰。

这是怎样的一颗机敏、智慧的心？

写到这里，我们可以穿越时光的隧道，去体会他的志向、果敢和意志。

事实证明，和珅的选择是正确的，卖掉祖业，他和弟弟和琳得以继续在咸安宫官学中学习，受到了很好的传统教育，为他日后为官和淋漓尽致地施展才能，打下了良好的基础。

知识和精神的储备，让他日后终于有机会把整个大清国托在了自己的手掌心上。

和珅的努力没有白费，他的世界一点点儿明亮、丰盈起来。

娶英廉孙女

机会总是青睐有准备的人。

和珅的刻苦努力和坚持不懈，以及他在咸安宫官学的优异表现，让他胸有诗书气自华，他谈吐优雅、风度翩翩。那一天，他走在校园绿荫遮蔽的甬道上，默诵着当天的课程，无数思想在脑海里翻涌，那形象如同一个华丽的精神贵族，他不知道，此刻有一双眼睛正在盯着他看，这一看，竟然改变了他的人生走向和命运。

这双眼睛是时任总管内务府大臣英廉的，英廉知道和珅的事情和他的刻苦努力。赏识的目光，越来越独特和充满深情。和珅的远大志向，以及他的认真刻苦，仿佛一只翱翔蓝天的雄鹰，凌空展翅。英廉认为，和珅将前途无量。当英廉把欣赏的目光暂缓从和珅身上移开，他想到了自己心爱的独生孙女，难道这两个孩子不是天造地设的一对吗？

当春风又一次轻轻拂动潺潺河流之时，英廉把视若掌上明珠的孙女许配给了和珅。

乾隆三十二年（1767年），十八岁的和珅结婚了，妻子为大学士英廉的孙女冯氏，英廉为其孙女准备了丰厚的嫁妆，并亲自主持、操办了和珅与冯氏的婚事。

这桩婚姻，为和珅的仕途之路打开了一道辉煌灿烂的大门。

英廉，字计六，号梦堂。他家原来本姓冯，祖籍辽东，内务府包衣籍汉军镶黄旗人。雍正十年（1732年）中举，最初为笔帖式，从事文秘工作；后来几经升迁，官至淮安府同知、永定河道台、内务府主事、内务府正黄旗护军统领、内务府大臣、户部侍郎、刑部尚书、正黄旗满洲都统、协办大学士、直隶总督、东阁大学士、太子太保等；同时他还任过《四库全书》正总裁的官职。

英廉为官清正廉明，政绩突出，而且名声极好，颇受乾隆帝的器

重，为当朝权臣之一。乾隆四十八年（1783年），英廉病故，乾隆帝特赐白银五千两为其治丧，祀贤良祠，谥文肃。

据《秦鬓楼谈录》记载："躯干如中人，面白皙而事修饰，行止轻缓，不矜咸仪，言语便给，喜欢诙谐，然性机敏，过目辄能记诵，每有所言，皆能悉举其事之本末。"由此可见，和珅是一个外表英俊、才华横溢、能言善辩、办事干练、才能出众、人见人爱的后起之秀。英廉更是一个颇有眼力和远见的人，他看和珅相貌堂堂，聪明机智，又是官学校的高材生，前途光明。选择他为孙女女婿，就成了顺理成章的事情。

和珅与冯氏结婚后，为自己独特的生命体验，找到独特的情致和隽永的韵味以及精致的表达，两个人相亲相爱的生活，没有消磨他的意志，相反，他更加勤勉和努力，夜夜读书至深夜，他在准备殿试，以期考取功名，为入仕争取资本。

尘埃落定，和珅终于苦尽甘来。当他从红色蚕丝的帷帐里钻出身子，他甚至有点不相信这是真的。生活的厚爱，情感上的慰藉，对于他来说，当然重要，但是更重要的是英廉对他的赏识与提携，这一点，和珅比谁都清楚，他哪敢稍有懈怠？太岳父英廉已为自己的飞黄腾达，创造了极为有利的条件，自己岂能不努力？

和珅在春风得意之时，加快朝前奔跑的脚步。

不久，和珅获得了第一个有实权的职务——户部侍郎，而户部尚书正是他的太岳父英廉；紧接着，和珅被朝廷派到云南查办李侍尧一案，太岳父英廉等人负责查抄了李侍尧在京的财产；和珅之后获得的户部尚书一职，又是太岳父英廉升任大学士后留下的，官场的秘密，耐人寻味。

和珅要想在仕途上有所作为，没有人提携和引路是不行的。太岳父英廉正是和珅仕途之路的提携人和领路人。

有人提携，再加上自己的勤勉努力，和珅终于在大清国乾隆皇帝一朝云谲波诡的政治斗争中，站稳了脚跟。

当整个世界都黑暗下来，只有紫禁城的宫殿灯火辉煌，走在暗夜里的他，看着前面提着灯笼、一路小跑的仆人，耳边响着的都是"奉天承运……"，心里想着的是如何在大清国的政治舞台上游刃有余。

和珅的脚步，从来都是匆匆又匆匆。

当他站在皇帝上朝的殿下时，躬身弯腰的那个时刻，他在想什么？

这之后，和珅一路飞黄腾达，可他和妻子冯氏却始终情深意笃。这里也许有英廉的面子吧！

嘉庆三年（1798 年），冯氏去世，和珅的悲伤就可以说明，他是个对妻子有着真情的男人。他在沉痛和落寞中，为妻子冯氏一连作了六首"悼亡诗"，其感情之深、思念之切，溢于言表：

结缡三十载，所愿白头老。

何期中道别，入室音容杳。

屏帏尚仿佛，经卷徒潦倒。

泪枯挽莫众，共穴伤怀抱。

游川分比鳞，归林叹只鸟。

追思病时言，尚祝余足好。

犹忆含殓前，不瞑心未了。

自此退食余，谁与伴昏晓。

从以上诗句中我们可以看出，和珅与冯氏结婚三十余载，情深意笃，以至于过去很久，他还难以相信冯氏的离去，就连她说的话也都言犹在耳，难以忘怀。

两情缱绻时，他的妻子就像他的权力一样坚固，他完全可以凭此搭建梦幻的楼台，和冯氏一样享受幸福的生活。可是，她却丢下和珅，自己走了。他怎能忘记她？

不过，此时的和珅更忘不了的是他手中的权力。他穿金戴银，吃香喝辣，搜刮民脂民膏。

他还是那个勤勉努力的青年吗？

第二章　步步为营，踏上权力之途

权力会奴化一切。

——塔西佗

　　和珅为前程努力着、奋斗着，终于得到皇上的赏识，步入官场。

　　科举考试的失败、身为侍卫的生涯，都不曾令和珅放弃对梦想的追求。

　　当他的才干终于获得乾隆皇帝的赏识，他的心雀跃着，却也小心翼翼；当他步步高升，从侍卫一下子成为军机大臣，在惊喜中，他渴望出政绩，渴望他人的认可和心服口服；当他暴露出了人性的劣根性，贪腐谋私，可官场历险中却能沉稳应对，再次获得乾隆帝的青睐。

　　从此，他长久地凝望落日余晖的倾泻，步步为营，小心谨慎，左右逢源，在官场上打败一个个的政敌，成为一人之下万人之上的"二皇帝"。

　　时光永逝，记忆在丝丝清晰的往事中复活。

　　和珅的一生，给我们留下了什么样的教训？

从侍卫到大臣

和珅的努力和奋斗没有白费，他终于时来运转，从咸安宫官学毕业，又娶了英廉的独生孙女。温暖的小家，柔情的妻子，没有缚住他的踌躇满志，他的眼神仍然浮升着，在这么多年的时光流逝中，雀跃的心使他无法忘怀，诱惑他再次寻找，那是梦想之花盛开了。

人有的时候，会特别固执地追求梦想。这本没有错，这是一种积极的人生。

和珅谋划实现自己的梦想，追求人生的目标，无可厚非。

此时的他，就像是在寻找逝去的岁月里残留的一根线头，哪怕是千里万里也要找到它。这么多年来，他必须找到它，必须去续接，就像要给逝去的光阴一个交代。

和珅又一次做了决定，按照清代科举制度的规定，他要参加科举考试，县试、府试和院试，一步一个台阶地往上走，他需要功名，然后，一点点地往上升。

深夜，和珅家的雕花木格窗里，透着橘黄色的灯光，他伏案苦读，因为他知道，科举考试无非是八股文、试帖诗、经论、律赋，以及《圣谕广训》等内容，繁缛而难，需经过千辛万苦，但那是进入官场的必经之途，焉能退却？他和珅只有成为一颗种子，进入科举的土壤，才能点石成金；只有官场的成功，才能熨慰痛苦，充实心灵，才能为枯败殆尽的钮祜禄氏家族增添光彩。

外面，淅淅沥沥地下着雨，屋内和珅翻开一页书，望着红袖添香的妻子冯氏那娇嫩秀美的脸庞，一丝温情从心里升起，他在雨打窗棂的声音里，又埋下身子，思绪在书的字里行间游移。无论如何，科举都是他走入仕途的唯一捷径。埋在书中的和珅，从妻子温柔的眼神里，看到了自己养家糊口的责任，他必须有份稳定的收入。

应该说，作为咸安宫官学中的优秀学生，通过科举博取功名，是和珅的自然选择。况且，早在咸安宫学习时，和珅就参加了童试，并中了秀才。

现在，没有人比和珅更想通过科举考试走入仕途的了。

乾隆三十三年（1768 年），也就是和珅结婚的第二年，他参加了戊子科的顺天府乡试，这是属于省一级的考试。

和珅万万没有想到，这一次，他竟名落孙山！

和珅的懊恼和失败的羞耻感，是何等的深切？只有他自己知道。

可惜了他机敏好学而又聪明多智。

面对失败，他仍然坚强，表面上谁也看不出来他的失意和伤感，暗地里，他开始了没命地读书。他要在琐细、庸常中找寻他的梦想，那是他灵魂的归宿，只有梦想，才会让他的人生灿烂、耀眼。

谁都知道，在讲究出身的封建时代，不管你有多大的才能，不通过考试做官，就得不到朝廷的重用。通过科举考试走上官宦之路，是普通百姓的唯一出路。

和珅又一次下定决心，再一次参加乡试，以博取功名，光宗耀祖，实现自己的抱负。

现实生活如此艰难，值得庆幸的是，他还有梦想，唯有如此，人生才会有亮色，才能飞扬起来。

当他又一次捧书苦读，太岳父英廉来到他家，劝说他放弃继续参加考试的努力，满族子弟与汉人不同，是可以通过挑补侍卫的方法进入官场的。和珅是个聪明的人，他听从太岳父的意见，毅然放弃了科考，屈就上虞备用处。

科举考试时没能中举，这是要强的他终生的遗憾。

当时的大清帝国的科考制度，的确如英廉所说，科举并非八旗子弟飞黄腾达的唯一途径。朝廷对满族人的科举出身并不作要求，对汉人却要求严格。朝廷一如既往地按照重武轻文的传统，在满族人里挑选官员，欣赏的是骑射之术，旗人多以入选侍卫、军功、笔帖式和官学贡举为官，并非科举的途径。

那个时候的和珅，已经有了三品的世袭爵位，英廉完全可以帮他在皇宫谋份差使，职位虽低，却有机会接近皇上。他认为凭和珅的聪明才智，很快就会崭露头角，步步高升。

那一天，阳光火一样的炽热，和珅站在大清帝国宫殿翘檐下的阴凉

处，望着炫目的烈日，凝神倾听树上的鸟鸣，脑海里流动着对以后日子的期盼和欲望。一个侍卫模样的人走出来，让他进去。他走进去，迎着阴暗处涌动的过堂风，看见銮仪卫管事的在朝他招手，他知道，通过英廉的关系，这份銮仪卫的差使到手了。这是他和英廉一直在为此而努力的职位，虽低贱，却有出头之日。

銮仪卫负责掌管皇帝仪卫排列及承应诸事，也就是为皇帝抬御轿的轿夫。充当侍卫是满洲八旗子弟晋身的最好途径。

从英廉的口中，和珅了解到，宫中侍卫的挑补有严格的规定，一是从上三旗三营中选择，再就是从宗室、世职人员及八旗子弟中挑补。清代功臣后裔继承祖先的爵位，称为承袭世职。世职包括公、侯、伯、子、男五等爵禄，另有云骑尉、恩骑尉、骑都尉、轻车都尉等。按等级规定，和珅的轻车都尉可被录取为三等侍卫。

和珅穿上了侍卫的服饰，那一刻，他激动的心，像潮水激荡着奋起的浪花，他只能前行，他听到了更广阔的世界激烈的呼唤。

当一名侍卫并不是和珅的目标，对于他，这份差使只是他生活的权宜之计。

宫廷侍卫主要负责宫廷和皇上的安全问题，可扈从皇上到处巡幸。侍卫由侍卫处统一管理，其最高官职为领侍卫内大臣，是武职中的正一品大员，品级最高。领侍卫内大臣的任命由皇帝钦定，一般是从内大臣、散秩大臣、满洲都统、大学士、尚书和各省将军中选取。

乾隆三十七年（1772年），二十三岁的和珅获得三等侍卫的职位，挑补粘竿处，又称尚虞备用处。

谋得这样一份差使，和珅在精神的倦怠中得到安慰，甚至有些激动和自豪，他感觉自己的生命火焰又活泼跳跃起来。在负责皇帝出行的一应仪仗事宜时，他周到细致，当他"打执事"的时候，一大早就到内奏事处接收奏折，随时机智地发现是否有形迹可疑的人员走动，如有就及时上报尚虞备用处，以便缉拿。

也许，大凡能让历史记住的人，由于历史的安排，都有过一段深入而艰辛的底层体验。这一点，也成就了和珅。人在銮仪卫的和珅，进取

心一刻都没有停止过，出人头地的信念，透明而又极具诱惑力，那是他坚忍和孤胆的热情，像火焰般熊熊燃烧。

那时的八旗子弟的侍卫们，很少读书，甚至有人不识满、蒙文字，见面相互问候，难以以礼数相对答。身处这样一个环境，和珅已算鹤立鸡群。他努力锤打磨炼自己，清闲的时候，就看书充实自己，积累知识。他听见了自己前行的脚步声，有力，铿锵！他在这种声音里一再矫正自己的方向和姿势，把被动和主动调和起来。

和珅的努力没有白费，他像一只振翅飞翔的鸟儿，始终没有放弃一飞冲天的梦想。

人类历史多次证明，梦的信念、梦的追求，从来都是一个民族、一个人最宝贵的财富。

时刻在梦想中踌躇前行的和珅，终于有了展示才华的机会。

乾隆四十年（1775 年），二十六岁的和珅终于等到了在乾隆帝面前展现自己的机会，从此官运亨通。

据薛福成的《庸盦笔记》中记载，有一天，乾隆帝即将摆驾出宫，仓促中侍卫们却找不到"黄盖"（皇帝出行时仪仗队使用的礼仪道具）。乾隆龙颜大怒，侍卫们瞠目结舌，不知所措，气氛十分紧张。和珅沉着冷静，上前躬身一拜，回答了皇上。乾隆见回答者为俊朗儒雅的后生，心中喜欢，不由得怒气顿消，对这个年轻人有了兴致，二人一问一答聊了起来，说到和珅的出身、考科举的题目和文章，和珅便滔滔不绝地背诵起来，声音洪亮、字字清晰、毫无惧色。乾隆帝听后，龙颜大悦，表扬他文章写得好，聪明的和珅赶紧谢恩。

乾隆巧遇千里马，和珅终于看见了官场的艳阳天。

这一年，和珅连连高升，从三等侍卫被提升为乾清门侍卫、御前侍卫，兼副都统。

乾隆四十一年（1776 年）正月，才二十七岁的和珅，被乾隆帝任命为户部侍郎，协助户部尚书管理全国的户口、田亩、赋税以及财政收支等各项事宜。两个月后，在众人惊讶的目光中，他又被升任为军机大臣。这意味着他终于进入梦寐以求的清廷权力中心，成为皇帝的心腹，开始管理中枢政务。这年四月，和珅又兼任内务府总管；八月，兼任镶黄旗副都统；十一月，又被任命为国史馆副总裁，赏戴一品朝冠；十二月，乾隆帝又让他管理内务府三旗官兵事务，并享有在紫禁城内骑马的特权。

和珅在这一年内先后六次升迁，升迁速度之快令人咋舌，简直就像是坐了火箭。同时其全家的旗籍也从正红旗抬入了正黄旗，由"下五旗"成员变成了"上三旗"成员；其官职、身份地位都得到了大幅度的提高。

"凡朝廷大政俱得与闻，朝夕论思，悉得上意。"从侍卫到大臣似乎是不可能的，可和珅却做到了。这是他命中注定，还是他的机敏、聪慧和冥冥之中机缘的作用？

其实，机会是留给有准备的人的，就像沙漠旅行除了苦行和灼烤，还有绝对驰骋的自由，甚至会有美丽的海市蜃楼。

有人开始研究和珅为什么发迹这么快？笔者倒是认为，和珅的才华起着决定性的作用，当然，还有不可或缺的机遇。

他的机遇在于，在乾隆身边当侍卫，和乾隆接触的机会多，这是别人难以得到的优势。那么，如果他平庸，毫无特长，他还会有这样的机遇吗？

如果不是他的出类拔萃和出众的才华，怎会引起乾隆皇帝的注意？

正因为他办事机灵、聪敏干练、才华横溢，再加上他五官端正、外表俊朗、讨人喜欢、口齿伶俐、生性乖巧，善于察言观色、随机应变，才令乾隆帝眼前一亮，看到了他渊博的学识和胸怀的雄才大略，怎能不对他格外赏识和青睐？破格提拔就顺理成章了，顷刻之间，和珅就成了皇上的左膀右臂、股肱之臣。

试想，如果和珅木讷、呆板，更无才华可言，在那么多侍卫里离聚浮沉，乾隆怎么会发现他，重用他？

据《和珅全传》记载：乾隆四十年（1775 年），二十六岁的和珅被乾隆发现、赏识后，便成了乾隆的贴身随从，经常陪在乾隆身边。机敏的和珅除了悉心侍奉，笑脸相陪外，还仔细观察乾隆帝的饮食起居，一

言一行，小心翼翼地揣摩其心理与爱好，天长日久便知晓了皇上的脾气与秉性。乾隆帝想做什么，想说什么，他都能猜个八九不离十。不等皇上开口，他就操办停当了，并且干得干净利索、得心应手。他把皇上服侍得舒舒服服，特别称心，于是乾隆帝愈发对他喜爱和信任了。

飞黄腾达时

儒贝尔曾经说过："世上唯权与公理主宰一切；强权先于公理。"

和珅的世界明亮起来，他终于看见大清帝国宫殿屋檐上的铃铛在风中脆响着的威严，以及高天上的蔚蓝色和遍洒故土的阳光。

乾隆帝的青睐与宠幸，使和珅的地位不断变化，那平步青云的姿势，令人目不暇接；那官运亨通的态势，更令人瞠目结舌。和珅春风得意，他俯视着手中的权力和管辖的部门，听见了风在呼啸，仿佛看见一只黑色的精致、宏大和机警的雄鹰风筝，正借风起势，扶摇直上蓝天。

那是他的梦想和着灵魂，亮起的一种朴素上升到华丽而又十分强烈的本质之辉。

和珅自己也没有想到，自己凭什么这么走运，一年之间如此快速升迁？他收起坚韧、张扬和孤胆的热情，更加小心翼翼地侍候乾隆皇帝。

好事似乎还没有完，和珅忙不迭地接受着一个个的任命，心中的喜悦，也一日胜似一日。

五月的一天，和珅刚要上朝，走到月亮门处，突然传来一声喊："和珅接旨，奉天承运，皇帝诏曰……"和珅跪在那里，有些麻木的神经听着那遥远而又缥缈的声音，他倾听着，捕捉着，记住了这空谷绝音。乾隆帝下旨，令他和英廉、梁国治与刘庸等人，负责修改《明史》中有关蒙古人的记述部分，务必要"将原本逐一考核添修，务令首尾详明，辞义精当"。时光飞逝，一个月过后，乾隆帝任命和珅为吏部左侍郎，同时兼任右侍郎，负责官员的任命、使用、检察及考核等。到了十月份，再次命他兼任京师步军统领（即九门提督）。

飞黄腾达时，和珅做怎样的感想？

至此，春风得意马蹄疾的和珅，好运连连，有乾隆帝撑腰，谁又耐他何？

有这样一件事，证明了这一点。乾隆四十三年（1778年），吏部尚书永贵等人上奏，和珅牵涉了有关京察降革司员参罚事件，乾隆帝蜻蜓点水，只给他降官两级继续留任的处罚，和珅的仕途并未受到任何影响。不久，乾隆帝又委重任于他，令他兼任一般由祖上有大功的王公或者皇帝的亲戚担任的崇文门税务监督，总管行营事务。这样的肥缺给了和珅，皇帝的用意和对和珅的特别照顾，就不言自明了，谁还敢提几个月前和珅受到的处罚？

和珅在短短的几年，几乎把大清帝国的大小官职都做了一个遍，乾隆帝还让和珅兼任了镶蓝旗满洲都统、正白旗都统和领侍卫内大臣等职。乾隆四十四年（1779年）八月，和珅又被任命为在御前大臣上学习行走。

乾隆四十五年（1780年）三月，乾隆帝又授予和珅户部尚书之职，并正式擢升其为御前大臣，同时还兼任正白旗都统、正白旗领侍卫内大臣和议政王大臣等职。

自此，和珅终于迈进朝廷核心领导层，一个更广阔的世界向他敞开了胸怀。

和珅在大清帝国盛世官场，游刃有余，做到了升官如坐火箭，官职任他做到极致，部门涉及之广、官位之高，让人望尘莫及。和珅被任命为《四库全书》正总裁，同时兼任理藩院尚书，涉及文化部门的管理；此外，他还兼任了兵部尚书及方略馆总裁，同时负责管理户部三库；被加封太子太保，同时兼任《钦定日下旧闻考》一书总裁。乾隆四十八年（1783年），乾隆赏赐他戴双眼花翎，并充任国史馆正总裁，兼文渊阁提举阁事、清字（即满文）馆总裁。

乾隆帝如此重视锤炼和珅，真是费尽心机。

试问，历史上历朝历代，有人如此幸运吗？

此时的和珅，是得意，还是欣喜？只有他自己知道。其实，在夜深人静的时候，和珅还是回不过神来，他感觉自己在攀着一根绳子，爬上

危险的高台。炫目的烈日，黑暗的阴凉，历史和风景是遥相呼应的，浓墨重彩，还是断裂分明？他不敢往下看，也不敢再想，拼命想听到自己梦想飞翔的声音，但那声音是那么的缥缈，抓不住。是欲望潜伏在体内，在暗暗地引诱和催促他去八面玲珑，哄得老皇帝乾隆团团转？

和珅站在他的世界里，背过手去，期盼着人生还会有更大的奇迹。

官职还在"汹涌"而来，他倒是有些气定神闲了。

乾隆四十九年（1784年）七月，乾隆帝再次授予他轻车都尉世职，并任命他为吏部尚书、协办大学士，同时兼管户部事务；同年九月，乾隆帝授予他一等男爵。而此时和珅还仍然兼任正白旗满洲都统和镶蓝旗满洲都统的职位；乾隆五十一年（1786年）七月，乾隆帝授予他文华殿大学士职位，这样一来，和珅终于真正进入了核心领导层；乾隆五十三年（1788年）二月，和珅被晋封为三等忠襄伯爵，并赐予紫缰；乾隆五十四年（1789年）四月，充任殿试读卷官，同年五月，充任教习庶吉士；乾隆五十五年（1790年），乾隆帝赏赐和珅黄带四开褉袍；乾隆五十六年（1791年），和珅又兼任篆刻"石经"的正总裁。

和珅坐在他在朝中的一间宽大的屋子里，喜出望外地抚摸着越南产黄花梨木太师椅的扶手，凝神倾听，体内的欲望像江河之水哗哗流淌。这水如此汹涌，会有一天淹没自己吗？不会的，自己有乾隆皇帝罩着，权倾朝野，谁能奈何？现在，自己的位置仅次于领班军机大臣、武英殿大学士、内阁首辅、一等诚谋英勇公阿桂，是何等荣耀啊！阿桂经常奉命外出督师、治河、勘察工程和查案等诸务缠身，京城朝廷事务都交给和珅全权处理，军机处也由其代理领班。可见，和珅才是真正掌握朝廷实权的人。

和珅胸中激烈撞击的感受，没有人能体会，机智聪明的他给人的印象是勤勉谦和的。

朝鲜使臣曾说："户部尚书和珅，贵幸用事。阁老阿桂之属，充位而已。"

人们都说，记忆如同被水浸泡得太久的纸，颜色褪尽，粘连稀烂，只剩下一些影子般的漶印。和珅却是个不忘过去的人，他在连连高升之

时，还是会常常想起他和弟弟和琳在拮据困顿生活中的情景，这样，他更加珍惜得来的这一切。

在令人眼花缭乱的不同官职中，和珅是称职的。他的办事能力、魄力不仅令乾隆皇帝满意和喜欢，其他大臣也服气。尽管尽职尽责的他，官越做越大，但还是小心翼翼地。这个时候，他的机敏和聪慧就派上了用场，察言观色，极尽谄媚之能事的同时，干练、精明、果断、大胆，手段超人。如若不然，乾隆皇帝不会如此青睐他，把自己的江山送给他去"胡闹"。

和珅担任军机大臣二十多年，身兼军机大臣、大学士、步军统领，又兼任户部尚书等数个重要职务，长达十五年之久。这在历朝历代中，绝无仅有。

官位的水涨船高，让和珅风光无限。

朝廷内外，权势炎炎，和珅是唯一一个红透朝廷内外的人物。

乾隆晚年到他去世之前的这段时间，和珅统揽首席军机大臣、文华殿大学士等要职，并兼管各部事务，控制了官吏任免升迁、财政开支、诉讼裁判等大权。

文写至此，笔者不能不说，和珅对清朝中期的政治、经济、文化和军事等各方面，产生了一定影响，他是清朝由盛而衰的推手之一。当大清王朝走过了盛世岁月，蹒跚进入暗淡、迅速销蚀的暮年，是与和珅有着密切的关系的，可以说大清王朝因他而废毁，消隐。

寻机出政绩

乾隆帝宠幸和珅，和珅会怎么做呢？

聪明的和珅既不能有恃无恐，也不会恃宠而骄。他要的是真才实干，在政绩上做出令人信服的功绩，令同僚们心服口服。于是，和珅急于建功立业，乾隆帝自然领会其意，很快就为和珅创造了一次绝好的机会。

时光如梭，转眼到了乾隆四十五年（1780 年）的正月，那是一个

阳光灿烂的日子，和珅正在小心翼翼侍候皇上，忽闻海宁前来觐见圣上，这海宁刚刚解除云南粮储道并曾任贵州按察使一职，现被任命为沈阳奉天府尹，来京述职。交谈中，皇帝询问该省地方大吏的表现，海宁就状告了云贵总督李侍尧贪纵营私，"钱局婪贝藏事"。乾隆震怒，令和珅带领刑部侍郎喀宁阿赴云南处理此案。同时令户部尚书英廉、军机大臣福隆安等查抄李侍尧在京的财产。

这李侍尧何许人也？李侍尧，字钦斋，祖籍辽东铁岭，原为汉军正蓝旗人，是明末名将李如柏的后代。明末，其四世祖李永芳原本镇守抚顺。明万历四十六年（1618年）初，努尔哈赤率军攻打抚顺时投降。努尔哈赤念其有功，授予他三等副将官衔，并把自己的孙女下嫁给他。此后，李永芳屡立战功。李侍尧的父亲李元亮，做过户部尚书等官，李侍尧作为八旗勋旧臣的后裔，受到乾隆帝的器重。乾隆八年（1743年），李侍尧荫得印务章京一职，后被破格提升为副都统。曾有人提出这样提拔有违先例，乾隆帝却说："李永芳之后，安可以其他汉军相比？"接着，李侍尧先后又转任工部侍郎、户部侍郎、广州将军等职，期间颇有政绩，建树较多，被乾隆称为天下奇才。

清史曾有这样的记载：李侍尧"短小精敏，过目成诵。见属僚，数语即辨其才否。拥几高坐，语所治肥瘠利害，或及其阴事，若亲见，人皆悚惧"。

乾隆二十一年（1756年），广州成为中国对外通商的唯一港口，一切贸易均由洋行经营。洋行分十三行，打理着各自的生意，保持其行业垄断地位，商人们纷纷向广州地方官行贿、献纳。两广总督一职就成了肥缺。乾隆帝任命李侍尧代理两广总督，三年后正式实受。紧接着，李侍尧又历任户部尚书、正红旗汉军都统，袭勋旧佐领；湖广总督、两广总督、工部尚书等，并于乾隆三十八年（1773年）被授予武英殿大学士。他先后在两广总督任上干了十五年，直到乾隆四十二年（1777年），因与缅甸交涉事务繁多，始调任云贵总督。

乾隆曾当着满朝文武大臣的面称赞李侍尧："由将军至总督，历任各省二十余年，因其才具尚优，办事干练，在督抚中最为出色，遂用为大学士。具有天良，自应感激朕恩，奉公洁己，以图报效。"

乾隆帝对李侍尧委以重任，让他长期担任对外交涉事务的两广总督一职，除了欣赏他的才干，另一个重要的原因是他每年向朝廷进贡最多，二十余年间上贡百多次，有时甚至一年八九次，不断博取乾隆的信任和宠爱。可乾隆皇帝不知道，进贡的过程，也是李侍尧中饱私囊的过程。

李侍尧恭顺皇上，下属官员也恭顺他，进贡的时候少不了他的一份。贡品到了朝廷，皇帝有时象征性地收一部分，其余的大多数皆落入各位阁老手中，返还的部分就成了李侍尧的了。不久，他就金银财宝满车载了。

李侍尧自恃有皇帝做靠山，在两广经营了十几年，下属官员都是他一手提拔任命的，关系通畅，可保无虞，遂渐渐地滋生了骄、娇二气，眼睛朝天、颐指气使。而他自己也染上了官场上的种种恶习、陋规。当和珅逐渐成势，众大臣趋之若鹜，而李侍尧仗着资格老、地位高，不把和珅放在眼里，经常在言语、行动上对和珅不尊重，和珅心里有气却不动声色，寻机报复整治他。

和珅领了圣旨，哪敢怠慢，立即率喀宁阿等人马不停蹄地赶到了昆明府。

处理这样的贪腐大案，显示了和珅超人的能力和才华。他首先命人拘捕了李侍尧的管家张永受，连夜严加审讯，其最终供出了李侍尧收受各级地方官员馈送的贪污营私的有关事实。三月初七日，和珅与喀宁阿查审李侍尧，在事实面前，李侍尧不得不俯首认罪，承认收取迤南道庄肇白银两千两，收取鲁甸通判素尔方阿总共白银八千两，收取东川知府张珑白银四千两，收取云南按察使汪圻白银五千两，收取临安知府德起总共白银一万两，并承认借查办案件之机中饱私囊。

这次，李侍尧撞到了和珅的枪口上，算他倒霉。很快，和珅等人就查出了他贪赃、受贿、索贿、侵吞、勒派等一系列问题，以及以筹办贡品为名，伺机营私肥己等事实。

乾隆帝在上谕中说："侍尧身为大学士，历任总督，负恩婪索，朕

梦想不到，夺官，逮诣京师。"和珅、喀宁阿奉命将李侍尧革职拿问，解送京师，落实罪名后，和珅等人拟判其"斩监候，夺其爵授予其弟奉尧"。

案件查办得干净利落，既惩办了贪官又揣摩到了皇上的圣意，案子办到了乾隆帝的心坎里，和珅自然又一次讨得皇上的欢心。

和珅是何等的精明，他边审讯边想，李侍尧能干，为朝廷进贡最多，其所为是与乾隆朝的进贡制度分不开的，乾隆皇帝肯定要给他生路，所以不能惩治太重，和珅才判他"斩监候"。判决结果呈报后，大学士、九卿们等和议，将原拟"斩监候"改判为"斩立决"。这个结果让乾隆帝很不满意，他发布上谕，意为放过李侍尧。少数督抚揣摩到乾隆帝的意图，上奏为李侍尧求情。最终，乾隆帝下诏定为"斩监候"，查抄的李侍尧家产部分留在宫中，其余送至崇文门税关变卖，所得银两悉数交给内务府广储司库收存，并将李侍尧的一处院子赏赐给和珅。

和珅摸着了乾隆帝的脉搏，揣测出了圣意，案子办得顺情顺义，其能力和情商都让乾隆满意，宠信自然不在话下，两人的关系愈加紧密。自此，和珅步步为营，谄媚得乖巧，越来越像乾隆帝的手和脚了，情感和心境浸润在一片新鲜的含义里，飞黄腾达就顺理成章了。

官场如战场

清朝官场的险恶是看不见的，往往脸上一团和气，脚下使绊子的事，常常发生。官场如战场，云谲波诡、离聚浮沉也是一朝一夕之事。

和珅初进官场，凭着精明和机敏，小心翼翼地行走，仿佛空气里都潜藏着看不见的陷阱。回避和小心，禁言和手疾眼快，心血斑斑的披沥，在讳莫如深的官场上，跳动着一颗活的灵魂。和珅被皇帝看中，初入官场就进了军机处，而后又升为户部右侍郎，第二年的三月就已经为军机处行走了。

何谓军机处行走？据史料记载：清代的"行走"是指凡以原官在不

设专官的机构供职、入职或当差，称某处"行走"。军机处没有正式成员，只有皇帝临时任命的"行走"，即军机大臣。为了杜绝泄密，军机处的底层听差，都由不识字的少年担任，王公大臣没有军机处行走头衔的不得擅入。其他人员不得靠近军机处，皇帝与军机大臣议事时无关人员不得在旁。宫内人路过军机处时，都是快步走过，违者立斩不赦，无须请命。

和珅如此年轻，就成为军机大臣，大权在握，火箭式高升，的确让一些人心里极其不舒服，表面上风平浪静，暗地里却早已风潮暗涌。他再机敏、聪慧，却也抵不过人的劣根性，也会少年得志沾沾自喜，旁若无人，倚傍着皇帝宠信，逐渐暴露出自己的贪婪本性，在务实世故的朝中大臣的恭敬和争相巴结的丝竹宴乐中，难拒诱惑，接受贿赂，迷失在一片迷茫的雾霭中。

和珅毕竟还太年轻，他知道自己资历尚浅，办事小心谨慎。遇有官员求他办事，他必然事先摸清对方的底细，对交往不深、不可靠的官员，他必定公事公办，严词拒绝对方的贿赂，树立了廉洁奉公的形象。和珅拒绝多位官员行贿的故事，在京城传为美谈。

和珅卖乖弄巧，推波助澜，乾隆帝也知道了他拒收贿赂的事情。

那是一次早朝，旭日的辉光，透过大殿的雕花木窗格洒落进来，照在乾隆的身上，他眯着眼正在听大臣们议论时事，一位大臣说，想不到新的军机大臣竟然是一个刚正不阿、洁身自好、为官清廉的人，皇上有眼光。话音刚落，乾隆就睁开了眼睛，顿时精神起来，看来，自己重用和珅没有看走眼。乾隆一高兴，当场赏赐新任军机大臣和珅白银五千两，并恩赐他在什刹海北岸筹建豪华的府宅。这座宅子后成为恭王府。

扬扬得意的和珅被迷住了心窍，终于暴露出贪婪的本性。

户部有个司务叫安明，此人不思进取，却不想蹉跎岁月，整天思谋着如何保职位、捞油水。正好户部新尚书到任，左右侍郎不把新来的尚书放在眼里，想架空他，安明趁机搅入其中。这一切被新任尚书看在眼里记在心上，他秘密调查，收买手下，获得了两位侍郎的罪证，

然后奏明皇上，成功把两位侍郎调走，安明也被降职为笔帖式。笔帖式只是个闲职，安明只好拼命谄媚巴结新尚书，新尚书却对他的为人厌恶至极，不予理睬。这时和珅提升为户部右侍郎，不久又提拔为军机大臣。安明合计，这和珅年纪轻，背景浅，无军功，无政绩，为何官升得那么快？三十岁不到就任户部右侍郎，跻身军机大臣之列，他一定得到了皇帝的青睐。于是，他开始巴结和珅，帮新来的和珅了解适应户部工作。那个傍晚，安明忽听和珅要在什刹海北岸筹建新宅子，认为机会来了，急忙来到和珅面前，说自己有个亲戚专营建材生意，保证建材质量，价钱合理，不会挨奸商宰。和珅半推半就地默许了，并假意安明最后如实报价。

世上的事情就是这样，要想人不知，除非己莫为。安明就差点儿毁了和珅的前程。

安明哪里有什么亲戚经营建材生意？他是为了巴结和珅，自己出钱出力，把和珅建新宅子所需材料全部办妥。他还做了一个账单，详细地列出了花费。明眼人都知道，这不过是掩人耳目而已。聪明如和珅，他当然知道安明此举的用意，二人的关系也就逐渐密切起来。

安明常带着礼物到和府拜访和珅，却绝口不提任何要求，聪明的他知道，火候未到，贸然开口必无好结果。经过长期的观察，和珅对安明的表现十分满意，已经把安明当作自己人看待。

那是一个阴云遮住了大地的夜晚，安明又带重礼拜访和珅。

和珅似乎不经意地问道："安明，你办事利落、能力强，却为何只做了个笔帖式啊？"

安明知道自己的机会来了，于是俯首便拜，向和珅道出了自己被降职的过程。和珅若想帮忙，让他官复原职是很容易办到的，于是表示自己会寻机向尚书大人举荐他。安明听后，千恩万谢。

不久，和珅向户部尚书保举安明出任司务的职务。户部尚书不愿得罪和珅，便做了个顺水人情，答应了下来，安明终于成功复职。

世上事情也是无巧不成书，恰巧，安明的父亲病故。按照清制，官员若有双亲故去，必须回家守孝三年，三年期满后再重新分派职务，这叫"丁忧"。如果为了保住官位而隐瞒不报，不回家守孝，那就是犯了大不孝的杀头之罪。安明眼见这户部司务的肥缺到手了，此时若回家守孝，三年后，官场风云变幻，自己还得到处求人为官。官迷心窍的安明竟然真的为了官位而决定秘不发丧。

官场险恶，一个职位被多少双眼睛盯着？这就像平淡的日子，隐藏着危机。万事哪有不透风的墙？何况是丧父这样的大事？

不久，终于事发。一位御史查实消息后，知道安明靠和珅的后台，不敢直接报告给皇上，而是先禀报给太傅朱珪。朱珪为人正直。当他听说安明"丧父而秘不发丧"的消息后，拍案而起。这位嘉庆帝颙琰的老师，早就看不惯和珅的行为了，于是，就思谋着如何做更有分量？思来想去，他决定请自己的好友吏部尚书永贵出面弹劾和珅。

永贵在外征战多年，屡建奇功，也是乾隆宠信的大臣，却与和珅不和。永贵听到安明迷恋官位而不愿回家守制，气愤填膺。毕竟他是老臣，做事周到且细腻沉稳，马上秘密派人去安明的老家探访，确认安明的父亲确实于不久前去世了。永贵信心十足地出手了：扳倒和珅！

面对朝中风暴，精明的和珅如何应对？他能否脱离险境？

和珅绝对没有想到，永贵的儿子伊江阿，在危险的时刻帮了他的大忙，却也坏了永贵的大事。

这得先从伊江阿说起，应该说，伊江阿是个趋炎附势之人，他认为父亲已经老了，和珅是朝廷新贵，日后必定大富大贵，投靠和珅才能有好日子过，讨好和珅就是必然得了。和珅是何等精明的人，他清楚永贵的地位，也愿意结交伊江阿这样的权贵子弟，二人你来我往，常以兄弟相称。

朝廷重臣永贵和他的儿子伊江阿，对和珅的态度却是天壤之别，二人经常为此争论不休。这天，永贵在骂伊江阿的时候，说漏了嘴，骂和珅欺上瞒下，举荐安明这样寡廉鲜耻之辈担任要职，父亲死了都敢隐瞒不报，是不知廉耻，蓄意包庇，自己一定弹劾和珅。

伊江阿听后大惊失色。现在和珅正受皇帝宠信，父亲肯定参不倒和珅，到时反而引火上身，恐怕还要连累了自己。于是，伊江阿连夜求见

和珅。告诉他这一令人震惊的变故，嘱他做好准备。

和珅嗅到危险，同样大惊失色，永贵是朝廷重臣，他要弹劾自己，恐怕大祸临头，急忙致伊江阿一礼，感谢他的救命之恩，并辩解不知道安明丧父秘而不发之事。

和珅连夜派人叫来了安明，训斥了他，并嘱他说话要有分寸。安明知道事情已经无法挽回，请求和珅看在他忠心耿耿的分上，照顾他的家眷，低头无语，默然而退。当天夜里，安明把家中贵重的钱物秘密送到和珅府上。

和珅的胸中激烈撞击的感受，令他坐立不安，徘徊中，他的脑子里跳出了四个字：先发制人，于是连夜写了一份揭发安明的奏折。

早朝上空气里浮动着危险的分子，气氛让人感到压抑，和珅却不动声色，他按捺住狂跳的心脏，静观事态的发展。

永贵上前一步，大声念奏折："御史及户部司员属吏联名呈报，户部司务厅司务安明大逆不道，父死匿而不报。前次京察，户部侍郎、军机大臣和珅竟然仍保举此人为官，分明是与安明勾结，狼狈为奸，弄虚作假，欺瞒朝廷。"

满朝文武大臣面面相觑，朱珪和对和珅不满的大臣们，纷纷附和，要求严惩安明和和珅。

这永贵老臣做事谨慎，这样有备而来，证据确凿，和珅的渎职之罪是板上钉钉了。

乾隆勃然大怒，天下竟有安明这种不孝之人，他立即质问和珅。

满朝文武大臣的目光一起投向和珅，却没有看到他们想看到的情景。只见和珅不慌不忙地大声奏道："皇上圣明，安明丧父不报，欺瞒朝廷，大逆不道，奴才也受了蒙蔽。这几天这件事才流传出来，奴才与永贵一样，也是昨天才得到消息，知道事情的原委。奴才本已经写好了奏本，不想永贵先奴才一步。"说罢呈上早就准备好的奏折。

和珅说完，一边观察乾隆表情，一边想，倚着皇上的宠信，小心应付，推脱责任应该没有问题。

果然不出他所料，乾隆一看和珅早已经写好的奏折，言辞恳切，满纸的愧疚之情，感染了老皇帝的思路，心生袒护之情。和珅虽有失察，却不至于重罚。

事情突然转折，朝着有利于和珅的方向发展，永贵等人心凉了半截。尽管一再禀告皇上追究和珅的有意包庇、欺瞒圣上之罪，也扭转不了乾坤了。最后，安明被凌迟处死、抄家，全部财产充公，和珅只落了个小小的失察之罪，降二级留任。

这件事虽大事化小，有惊无险，但和珅还是惊出一身冷汗。官场险恶，仿佛身临深渊，如履薄冰，今后必须处处小心。

精明的和珅心里，满是关于未来的严峻的压力，他心底细处的纹络，缜密而纵横。通过一段时间的观察分析，和珅发现乾隆帝对他的宠信依然如故，心里的一块石头落地，又开始了鞍前马后地围着皇上转了。

官场的剧烈起伏跌宕，让和珅记住了这次官场历险，他终于明白，自己只是刚刚站稳脚跟，还须小心谨慎地做事，时刻提防政敌，凡事要留有余地，回旋的空间才会大。他每天察言观色、八面玲珑，逐渐在险峻无常的官场上，左右逢源、步步为营。

第三章　官场得意背后的隐秘

通往官场的路是独木桥，去的人络绎不绝，但过去的人却不是很多，那些隐隐的青山中，到处都是失意官场的冤魂。

——佚名

"中国旧社会里最重要的一种制度与势力"，是官。

鲁迅认为，中国人有一种魂灵叫"官魂"，"那魂灵就在做官——行官势、摆官腔、打官话"。

鲁迅的深刻在于一语中的地说出了官场得意背后的隐秘。

和珅官场飞黄腾达后，为了获得更大的权力，实现更大的欲望，费劲了心机周旋、算计。站在官场的大旋涡里，审时度势，为了保住自己，诛同党国泰，稳、准、狠地查甘肃冒赈案，借他人之力实现自己的野心，当风险来临时，更是稳健而成熟。

中国封建社会最大的贪官和珅，并不是酒囊饭袋，在沉浮的官场中，能够应付自如，他的智慧和手段，同样超人，能力和胆量也是一般人所不具备的。

官场得意背后隐秘的血腥味，给人们留下了什么教训？

诛国泰有功

中国的官场好比一个赛马场，上场就要马不停蹄地跑下去。

官场上春风得意的和珅，就像一匹奔跑的马，疾驰前行。他渴望着建立功绩，乾隆帝也时刻关注着他"马上"的动作，望铁成钢一样，不断地给他创造机会。官场的一切，就像逐渐强烈的声浪直接地撞击着和珅的心，他站在官场这个大旋涡里，全神贯注，又灵魂出窍，费劲了心机周旋、算计，盼着一切顺风顺水，在仕途之门里，有所作为。

乾隆四十七年（1782年）初，监察御使钱沣上疏弹劾山东巡抚国泰和布政使于易简的奏章，乾隆帝立即派钱沣、和珅和刘墉等人前去查办。

临行前的那个夜晚，和珅在烛光下翻阅着山东巡抚国泰和布政使于易简的所有资料，脑海里翻腾着惊涛骇浪，对自己的党羽，如何才能包庇、袒护他们过关？包庇了他们会不会牵连自己而毁了前程？

一阵风吹来，蜡烛的火苗在风中左摇右摆，就像和珅此刻的心情，油煎一样的难熬。

烛光模糊，光晕缓缓荡开，和珅烦躁地再次翻开国泰和于易简的犯罪资料，几个骇人的字眼，像是毒蛇在吐信摆尾，跳入他的眼帘："贪纵营私""纵情攫贿""吏治败坏""属员升迁调补，多索贿赂"与"勒派州县属员贿赂，以致历城等处仓库多有亏空"等。这些都是不可饶恕的罪状，难道要弃卒保车？

和珅被自己的决定吓了一跳，他伸手够到茶碗，举到嘴边，却发现茶碗空了，烦躁地将青花瓷茶碗猛地放在桌上，站起身，开始踱步。此刻，他是否看到了神龛上残留的光亮？

据史料记载，国泰，富察氏，满洲镶白旗人，出身贵族，其父文绶曾任四川总督。此人不思进取，终日"嗜酒""好声伎"，花天酒地，骄奢淫逸，挥霍无度，是个贵胄纨绔子弟。凭着小聪明和高贵的出身，竟然仕途顺利，在刑部主事、郎中、山东按察使、布政司等官位上，受到乾隆的偏爱与赏识。乾隆四十二年（1777年），国泰升任为山东巡抚，进贡的物品多而好，很称乾隆帝的心。他恃宠而骄，更加得意洋洋，踌

踌满志，盛气凌人，目空一切，性格愈发急躁、任性、贪婪和骄横跋扈，动不动就大发脾气，同僚、妻妾、仆人难与其相处。

国泰有个同党于易简，江苏金坛人，宦门出身，其祖父于翰翔曾任陕西学政，父亲于树范曾任浙江宣平知县，哥哥于敏中是当朝的大学士，依傍着国泰的提携、保荐，由原济南知府升任为山东布政使。性情懦弱、胆小怕事的于易简，却善于见风使舵、溜须拍马，在恩人和上司国泰面前卑躬屈膝，言听计从，每逢国泰盛怒，他竟双膝下跪求饶。

还有件事使两个人的关系更加紧密。国泰极喜欢昆曲，常常粉墨登场，恰巧于易简也是昆曲票友，在一次《长生殿》同台演出中，国泰饰演贵妃杨玉环，于易简饰演唐明皇李隆基。两个人配合默契，演出空前成功，从此两人狼狈为奸、沆瀣一气，共同勒索属员，贪纵营私、胡作非为，致使全省不少州县银库、仓廪亏空，吏治废弛，民怨载道。

和珅掩卷长叹，想起乾隆帝已经谕令在山东查办过盐务的前长芦盐政伊龄阿如实汇报在该省的所见所闻，责令已升任为河南布政司的前山东按察使叶佩荪和前济南知府吕尔昌等人，据实揭发国泰贪赃枉法、营私舞弊的种种罪行，不得稍有回护、欺隐。

二月的京城，春寒料峭，寒风一阵紧似一阵，就像和珅的心，凉而焦躁。

早在事发之前，和珅绞尽脑汁，说服了大学士阿桂、福隆安等人与自己联名，请皇上将国泰调回京师任职了事。可是乾隆帝觉得这样做不妥，便"谕令于易简来京面询，以国泰居官如何？有无贪赃不法疑迹？令其据实直陈。"于易简回皇上说国泰性情不好，脾气暴躁，对于下属要求过严，动不动就训斥、辱骂别人，于是难免别人对他说三道四，怀有怨言，其实并无别疑迹。和珅知道，这是于易简不肯透露一点实情，死心塌地为国泰掩饰、开脱罪责。和珅抬眼看乾隆帝，从脸上的表情分析，他半信半疑。果然不出所料，乾隆帝下谕旨派他和刘墉、钱沣等人赴山东查办此案。

和珅知道他应该怎么做了。他挺直腰板，拿足了官架子，在乾隆四十七年（1782年）四月四日赴山东查案，并于同年四月八日到达济南。和珅的能力是有目共睹的，他不顾鞍马劳顿和钱沣、刘墉等官员密切配合，尽职尽责地彻底清查山东各县银库，使案件很快就初露端倪。在他和刘墉于乾隆四十七年四月十一日给乾隆帝的奏折中写道：

"臣等即同诺穆清（有时也写作'亲'——笔者注）、钱沣并随带员司前往历城县清查，按款比对，逐封弹对，查得该县应储诸项虽属相符，但内中颜色掺杂不一，又将仓谷逐加盘验，计缺少三千余石。据该县郭德平称：'自仓廒坍塌，谷石霉烂，恐新任知府到任盘查，是以余取本城钱铺刘玉昆银四千两抵补空项。'及传刘玉昆到案，坚不承认。臣等复诘郭德平，看其语涉支吾，甚多疑窦，恐有预闻盘查信息，挪移掩盖情弊，遂严查藩司于易简。据称：'本月六日，巡抚国泰闻有钦差前来公干之信，就对我说：历城现有亏空，若来盘查恐怕破露。我有交州县变卖物件的银子在济南府里，叫他挪动，暂且顶补便了。郭德平就向冯埏署中要了银两四万两归入了库内。'臣等又询问于易简，此项交州县变卖银系何款？据称：'国泰借办买物件，巧于婪索，交州县办了物件，随意发些价值，又将所办物件另定高价勒交各州县变卖，各州县按件交银，俱是冯埏经手，是以存府等语。'是以历城库项亏缺掩盖情弊显然……遵旨询问臬司梁肯堂，据称：国泰勒索属员实有其事，俱系济南府冯埏经手等语。臣等即传到原任济南府调任漳州府冯埏，严加究诘。随据冯埏将以上情节供认确凿，矢口不移。又讯，据历城县知县郭德平所供'县库亏缺，又将国泰交存首府银两挪移补臣处。与于易简、梁肯堂、冯埏、郭德平各供诘讯国泰，始犹狡展，不肯如实承认；后令于易简、冯埏、郭德平当面指证，国泰方肯供认前情。"

根据盘查历城县银库的奏折分析，众人已经查明国泰用以抵补库银的银两，不是从商人处挪借的，而是他存放在济南府的勒索地方州县的银两。

机敏的和珅嗅出了此案的危险，在和钱沣、刘墉等同僚去山东济南查办国泰、于易简贪污案的过程中，丝毫没有暴露出他与国泰之间的关系，他左右逢源、八面玲珑，与左都御史刘墉配合默契，使案件的查处取得了圆满成功。此时，乾隆帝满意的目光正在和珅的身上流连，他一

定在想，和珅的忠诚是多么的难得，有他这样一个按照自己的旨意办事的大臣，是多么称心如意。你看他既妥当地处理了国泰和于易简，也维持了社会秩序与封建统治的正常运转。

乾隆帝一高兴，擢升刚刚三十二岁的和珅为太子太保，并充任经筵讲官。

诛国泰有功的和珅，此时，正站在大清国金碧辉煌的大殿上，聆听乾隆帝的教诲，心里的得意和骄傲，如同翻滚的江海，脸上却是恭谦、顺从，唯唯诺诺。当他离开乾隆帝，走在同朝大臣前面时，回头望一眼气势恢宏的金銮殿，踌躇满志地走在高深而宽敞的回廊里，他的脚步声，自信而铿锵有力。

查案稳、准、狠

和珅自进入官场以来，春风得意，连年升官，除了靠溜须拍马、左右逢源、见风使舵的看家本事外，主要是他能力强，智慧、胆识超人，做事的手段高，圆滑却干净利落。拂去历史的烟尘，今天我们看和珅，会发现那个逐渐隐没的身影，曾是个绝顶聪明、做事极有章法的人。

甘肃冒赈案的查处，就是极好的例子。

乾隆四十六年（1781年），钦差大臣阿桂、和珅奉命在甘肃督军，正遇粮草将尽，难以征集，官兵军饷难以为继。阿桂和和珅火烧眉毛般焦急。

甘肃布政使王廷赞害怕皇上怪罪自己贻误战机，这迫使他拿出自己多年积攒的四万两白银充作军饷，以解燃眉之急。

王廷赞怎么会有这么多"廉俸银"？

乾隆帝对贪污之风一向深恶痛绝，见王廷赞邀功请赏，陷入沉思，王廷赞多次上报甘肃连年大旱，请求朝廷拨款救灾，再说甘肃并非富庶之地，他个人如何竟有这么多银两？恰在这时，乾隆帝接到和珅的奏章：甘肃连降大雨。乾隆帝认定这其中必有人徇私舞弊，于是密令和珅打探虚实。

和珅接到皇上的密令，心中自喜，这不是一次展现才华、邀功请赏的好机会吗？他决定尽职尽责，干得漂亮些，这样，自己在皇上面前也好交代。

　　和珅对乾隆帝的密令不敢怠慢，他沉吟片刻，决定根据自己浸淫官场多年的经验，不动声色，自下而上地查，查他个水落石出，绝不手软。和珅办事，自有章法，他先派家奴刘全等人化装成外地商人，打听甘肃交纳捐税情况及最近几年是否连年干旱。调查结果让和珅吓了一跳，应捐粮43石，折合成银子就是47两。另外加收办公银、杂费银8两，所以每人得缴纳银子55两。这些银子名义上用于赈灾，因为没有灾情，去向不言自明。

　　和珅在震惊之余，细细揣摩，这是一件轰动全国的大案！这个案件撞到自己手里，该着运气好。甘肃的官员之所以能够欺瞒皇上，掩盖得密不透风，说明这是一张编织得细密的网，要破网取鱼，非得把这件案子查到底，办得漂亮，这样自己在皇上面前得宠就是十分自然的了，真是老天助我也。

　　和珅得意扬扬地放下手中的青花瓷茶碗，站起身来，精神抖擞地召集下属官员，做了部署，抓住线索，深入调查，谁发现了官场黑幕，要及时禀报，上边将论功奖赏。

　　一场前所未有的查处贪腐的急风暴雨，在甘肃大地旋起。

　　案件越查越明，和珅由震惊变成愤怒，他一点点地拨开遮住眼睛的迷雾，真相逐渐变得清晰。原来，甘肃的贪官们从七年前就开始上报朝廷，称甘肃地区连年大旱，请求捐监。望着雪片般飞来的请求捐监奏章，乾隆帝的心情可想而知，当即责令当时的甘肃布政使王亶望负责捐收粮事宜。他哪里知道，拿着朝廷俸禄的甘肃官员王亶望、勒尔谨、王廷赞等人早已经暗中勾结，布下陷阱，专门骗取朝廷的捐监，私自侵吞了监生们交来的钱粮。此后，甘肃官员每年都谎报旱灾，私吞银两无数。乾隆帝坐在紫禁城的大殿里，哪里知道真相？被蒙在鼓里不说，还重用这些贪赃枉法的官员，王亶望升为浙江巡抚，王廷赞则成为新一任甘肃布政使。他们官官相护，狼狈为奸，耍得乾隆帝团团转，却又罩上

了一张密不透风的网，捂得严严实实。

和珅的愤怒是发自心底的。他下定决心，要一查到底，给乾隆帝一个交代。

也许是上天格外垂青和珅，有心要厚待和珅，好运连连的和珅面临着这样一个立功的机会，怎能不踌躇满志？气愤归气愤，和珅的头脑还是清醒的，聪明睿智的他心里十分清楚，此案牵涉的人太多，他必须小心谨慎行事，做到稳、准、狠。

一切事物都颤动在时间的边缘。当他再次邂逅乾隆帝的目光时，他应该是坦然的，他对大清国朝廷的忠诚应该是有目共睹的。

和珅的脚步虽急，却不慌乱，他一边写奏章急报皇上，一边制订自己的办案计划。这是一个可以称道的计划，缜密、周全，滴水不漏。

窗外已连续几天阴雨，眼前的酒杯却是空的，他想起北京此时应该是海棠花凋落之时，家人应该在各忙各的呢，妻子冯氏是否在想念他？他仿佛看见了自家庭院里，海棠花瓣在无声息地从枝头缓缓地飘落而下。那满地细碎的寂静，与远处的宫墙、案头的彩墨，透露出主人的趣味和哲思，那是他最好的时光。

和珅把目光挪回眼前的纸上，他清晰的头脑转得越加快速。首先要清查甘肃各地的监粮账目，甘肃捐监多年，国库内储存和囤满监粮；虽然并无灾情，但历年赈灾也需要有账目记录，否则无法向朝廷交代。只要清查存粮是否和账目对上就可以了。

和珅扭动了一下酸痛的腰肢，眼睛却没有离开他的计划书，视线已在空气中划出鲜明的指向，叹息足够漫长。清查存粮并非易事，说起来容易做起来难啊！此前，乾隆不是也曾派刑部尚书袁守侗前往甘肃核查过官粮吗？那走过场式的核查，不是什么都没有查出来吗？官场的隐秘，谁都知晓却谁又都不知晓，那"事不关己高高挂起"的做法，那还京复命时奏称"'仓粮系属实储'，粮仓不够用，需加盖二十六处仓房"的振振有词。想到这里，和珅一震，他"啪"地一拍桌子，恼怒地站起身子，这实在让人怒不可遏。

和珅知道，这个大案的查办，需要速度，必须马上行动。他需要省

布政使的配合，可甘肃布政使王廷赞已前去热河觐见乾隆帝。他立即召见了兰州知府蒋全迪，要求他配合清查国库存粮。

蒋全迪明白，和珅此次核查非同小可，就想拖延时间，谁知和珅早有准备，他以皇上有令，自己马上要还京为由，要求第二天就去核查。蒋全迪无奈答应下来。

夜晚是神秘的，和珅在夜晚的风声里，悄悄来到阿桂的军营，借得亲兵一百名，以供调用。

第二天，和珅带着亲兵来到粮仓，早已恭候于此的蒋全迪，看见和珅身后的一群士兵，顿时慌了，只好听从和珅的命令开了仓门。一百名士兵立即涌入粮仓各处，按照和珅的命令，一个粮仓也不放过，仔细检查。检查的结果应了和珅早就料到的结局：粮仓是空的。

蒋全迪猝不及防，当场瘫软在地。

和珅走出粮仓的那一刻，风沿着粮库围墙围成的夹道吹来，把他的衣衫鼓荡起来，仿佛长翼在飞翔，他看见了一只鸟儿在天空滑过，感觉皇宫就是他的天空，他有能力驾驭和享有这个天空。

连夜审讯的结果，正如和珅所料，蒋全迪招供，交代了整个事情的前因后果。

惊天大案终于被和珅捋出头绪，案件有了突破性的进展。

案情的逐渐明朗，再一次让和珅震惊：甘肃捐监、冒领赈灾款，都是前任甘肃布政使王亶望为了贪钱而做的。王亶望是山西临汾人，他的父亲江苏巡抚王师为官清廉，而他却是靠捐钱入的官场。王亶望进入官场后，靠着钻营取巧的看家本事，很快就当上了甘肃宁夏知府，继而又成为甘肃布政使。王亶望视财如命，甘肃穷，没有钱，他就想出靠赈灾的机会敛财的主意，他勾结陕甘总督勒尔谨向朝廷谎报甘肃灾情，利用亲信兰州知府蒋全迪，授意各州县收来的捐监粮食都交蒋全迪处理。蒋全迪变本加厉，要求各级官员将粮食直接折成白银上缴。然后全部以赈灾的名义做假账开销，到乾隆四十二年（1777 年），已经开销监粮六百余万石用来"赈灾"。乾隆不知道实情，一次次的奏报，一次次的赈灾，王亶望竟然赈灾有功，被乾隆帝提升为浙江巡抚。

据清史记载：监粮折银是不符合捐监规定的。当时，新任的甘肃布政使王廷赞发现问题，曾上报总督勒尔谨，勒尔谨不但不处理，还拉王廷赞参与进来，就这样参与的官员越来越多，涉及面极广。据蒋全迪交代，甘肃全省官员有一百多人牵扯其中，问题越来越严重，最终难以收拾。

甘肃官员的贪腐事实令和珅大开眼界，惊讶不已，感慨万千，和珅的贪心比起甘肃官员是小巫见大巫了。当然，这不影响和珅将此案一查到底。

和珅把这个惊天大案的查处，作为邀功请赏的好机会，极其认真，极其负责。经过数天的审讯，他终于查明了甘肃捐监冒赈的账目明细，同时，收集到了必要的证据。

和珅马上写了份奏折给乾隆帝，辞别阿桂，押解蒋全迪到热河面圣。

可想而知，乾隆帝接到和珅奏折时的震惊和愤怒，几乎不敢相信这一切是真的。和珅一到热河，乾隆就急忙召见，问他有没有真凭实据。和珅胸有成竹，将实情道出。

望着和珅一腔正义的面容，面对甘肃多年来并无旱情，甘肃国库不仅没有储存监粮，就连平时国库应存储的正项存粮都是亏空的，陕甘总督勒尔谨带头欺蒙圣上，贪污银两。不仅如此，他们还私分朝廷拨款，而所谓的监粮根本就是有名无实的噱头，乾隆帝气得七窍生烟，身为无比尊贵的一代圣君，竟然被下属官员如此欺瞒犯上！他还是不太相信勒尔谨等人竟然如此大胆！这么重大的事情，他怎么能瞒天过海？难道甘肃全省的官员全都是贪官吗？

和珅卑躬劝说乾隆帝，直言甘肃冒赈一案牵连甚广，只怕大小官员都有参与，奴才已经将蒋全迪捉拿归案，这些都是他亲口供述的。另外，甘肃布政使王廷赞正在热河觐见，可以将他拿下审问，事情自然可以大白于天下。

乾隆对和珅深信不疑，命他全权负责审理此案，和珅信誓旦旦应承下来。

俗话说，将军不打无准备之仗。和珅对甘肃冒赈案调查得十分清楚，证据在握，审理顺利，王廷赞只得招供。这时，乾隆帝接到了远在兰州的阿桂清查结果的急奏折，同和珅的审理调查结果相符：

从乾隆三十九年（1774 年）开始至今，甘肃共有 27 万多人报捐监生，收取白银 1500 多万两，官员借赈灾之名，侵吞赈灾钱粮折合白银将近 300 万两。受到牵连的甘肃官员达 112 名，贪污数量在 1000 两银子以上的县官 63 人，知州 5 人，同知 3 人，通判 5 人，县丞 2 人。按大清律，贪污白银千两以上的官员即为死罪。

面对这样旷古未有群体性的贪污案，乾隆帝气得浑身发抖，这简直就是对他标榜清廉的巨大讽刺。乾隆帝当即下旨："主犯王亶望、蒋全迪主管其事，罪大恶极，立即处死；勒尔谨听任下属王亶望犯罪，且参与其中，念其曾经有功，赐其自尽；王廷赞发现前任官员的问题后，不但不弹劾，反而效仿贪污，判决绞监候！其他涉案官员，刑部根据大清律，拟定判决。"

乾隆帝的口气，从来没有这样严厉过，他是下决心要大开杀戒了。

刑部尚书德福上奏说："按照大清律，贪污千两以上就要判处死刑，总不能把这六十多位官员都杀了吧？"

乾隆帝铁了心要惩治吏治："受牵连的 112 位官员，抄没家产。其中，贪污白银两万两以上者，情节严重，斩立决；贪污白银两万两以下者，斩监候；贪污白银一万两以下者，刑部视情况酌情处理。"

最终判决为：22 人因贪污白银两万两以上而被处死；15 人因贪污白银一万两以上而被判处斩监候；共 60 多名省、道、府、州、县主官被送上断头台或入狱，100 余名贪官的家产被抄没。

和珅稳、准、狠地清查冒赈案，立了大功。

此刻，他站在自家豪华的客厅里，望着在风中忽燃忽灭的红蜡烛，抚琴奏曲，操弦吟词，好不逍遥。他感觉到了，更大的权力，已经触手可及。

果然不出他所料，乾隆四十六年（1781 年）十一月，乾隆帝任命和珅兼任兵部尚书；同年十二月，任命和珅兼职管理户部三库。

和珅的仕途更加顺利了，他踌躇满志，徜徉在风雨烟云的宫殿的甬

道上，观望花草树木背后隐隐约约的大殿，深藏起曲曲折折的心事，心里升起了无限的欲望。他不会想到，终于有一天，他会从幽暗的空中重重地跌落下来，粉身碎骨。

当风险来临

官场如战场，历来如此。和珅在朝为官，遭遇险情无数，险些翻船的时候，他如何应对？竟然可以在大清国鼎盛时期，为官二十余载，凭的是什么？

和珅渴望权力，因为权力可以给他一切。他机关算尽，巧妙地周旋于官场的波谲云诡中，似乎立于不败之地了。宫殿里的杀机往往掩藏在深处，在一次次的涨潮和退潮中，和珅都是那么的镇静，他的内心深处，对权力的觊觎有着不灭的深情，也许有一天，他的杂沓的脚步声，会被空旷的风声吞没，但是，在还响着的时候，就会永远向前。

那是一个没有月亮的夜晚，和珅在热河陪伴乾隆帝，当皇帝睡去后，他独自隔窗打量满庭的暗淡夜光，倾听风槐萧瑟时的情调。

门被叩响了，吴省钦跌跌撞撞地进来，说出了一个惊天的秘密。

原来，御史曹锡宝写了奏折参劾和珅的管家刘全，超标准建造深宅大院，出行的穿戴及所用车舆极其豪华，意在扳倒和珅。吴省钦得知消息后，立即骑上快马奔往热河行宫，密见和珅。

和珅急忙传见刘全，告诉他御史曹锡宝参奏他"持势考私、衣服、车马、居室皆逾制"的事，然后命他火速回去，迅速拆掉逾制房屋，烧掉超过规格的车舆，销毁不该穿戴的东西。等到曹锡宝乘车来到热河，面见乾隆帝呈递奏折的时候，刘全家中一切逾制的东西已经荡然无存了，不见一丝痕迹。

乾隆帝立刻召见满朝文武，质问和珅。

和珅立即表示：奴才蒙皇上器重，官是一宰辅，焉能不知自重？臣对家中人等也一向严加管束，深恐有负皇上深恩，今御史曹锡宝弹劾刘全，臣也不敢庇护，臣多年跟随皇上身边，手下人等趁臣不知，做了些不轨之事也有可能，可命人即刻拘捕刘全，严加审问，若果如曹御史所言，臣定当领罪。

乾隆听和珅的说辞，有理有据，气已然消了大半。当下询问百官，以为和珅所言如何，和珅的党羽在百官中占了一大部分，除了连连应和，就是说和中堂所言极是，乾隆立即命人将刘全抓到热河审问。和珅力请皇上在金殿之上亲自审问刘全，以正视听。乾隆采纳了他的意见。

乾隆端坐在金殿之上，审问刘全，是否衣服、车马、居室皆超出祖制？刘全的戏演得恰到好处，诚惶诚恐地表示相爷一向对奴才们严加管束，奴才绝不敢招惹是非，奴才们穿的都是粗布衣衫，更没有逾制的东西，生活实是非常清苦的。说着，竟然哭起来，一副饱受清苦的样子。

和珅趁机表示，据奴才所知，刘全平素为人朴素老实，安分守己，绝不至做出违礼的行为，依臣之见，曹御史的弹劾，应是听信了不知何处的谣言，乃一面之词，实不足为信，请皇上明察。

乾隆看和珅和刘全主仆情真意切的说辞，袒护之心油然而生，也不管派人细查曹锡宝所奏是不是属实了，一道御旨让和珅走出了险境："和珅家人全儿，久在崇文门代伊主办理税务有年，其例有应得之项，稍有积蓄，亦属事理之举。至于盖房屋数十间居住，亦属人情之常，天下各处关权，其管理人员，不能不派委家人分管税口，自不免皆有羡余。即吏胥等亦藉余润，其服用居室，稍有润饰，亦若事理所有。"这就是说，即使刘全靠主人和珅，积蓄了点钱财，盖了房子，也是人之常情，有什么值得大惊小怪的呢？

乾隆接着把矛头指向了曹锡宝，怀疑起他弹劾刘全的动机来，御旨中接着写道："若伊（刘全）倚藉主势，实有招摇、撞骗，或于额税之外，擅自加增，以肥私囊，或如富礼善欧毙人命顶凶各情节亦未可知，应令曹锡宝遂条指实，如有以上情节，即一面从严审办，一面据实具奏，或曹锡宝及伊亲友有应过税之物，全儿多索税银，或兵伊不肯免税之嫌，架词耸听，尚为情理所有。若曹锡宝竟无指实，不过撮拾浮博建白三名，亦难以无根之谈，处人罪之理，况曹锡宝与和珅之家人何能熟识，伊于何处深知详细，亦应详问实在，方成信谳。"

乾隆要曹锡宝把刘全的罪状一条条指实，大有咄咄逼人之势，他不但不认为曹锡宝的弹劾是真凭实据，反而认为曹锡宝弹劾刘全是公报私仇，甚至怀疑曹锡宝是为了搞垮和珅才有此所为，有乾隆上谕为证："故以家人为由，隐约其词，旁敲侧击，以为将一波及地步。"

乾隆有意偏袒和珅，满朝的官员都听明白了，无人敢出面声援曹锡宝，暗暗为他捏了一把汗。

这还不算完，乾隆命步军统领郡王锦图恩、都察院大学士梁国治同曹锡宝一起至刘全家查验。结果什么也没有查出来。乾隆召见曹锡宝，斥责他本无真凭实据，凭空捏造。弹劾家人刘全是假，借机打击和珅是真，完全是公报私仇、图谋报复。

曹锡宝眼见证据皆无，乾隆显然又偏向和珅，自己这次的弹劾失败，怪谁呢？只能打掉了牙往肚子里咽。当他走出皇宫时，暮色已经笼罩了这个宫殿，明明是为了皇上的江山社稷，却又被和珅算计，他真想大哭一场。

最后乾隆颁下手谕云："朕平日用人听政，不肯存逆作不信之见，今御史曹锡宝以书生迂见，据一时无根之谈，托为正言，断不许有此事，姑且宽其刑罚，革职留任。"

曹锡宝冒着危险弹劾和珅，不但没有扳倒和珅，反而自己被罚，终于郁郁而终，在乾隆五十七年（1792 年）病逝。和珅的崇文门税监的职位被乾隆给了他的儿子丰绅殷德，也算是对他稍加惩处了。

和珅一生为官屡屡遇险，都被他沉着冷静地小心应对了过去。

借他人之力

和珅在波谲云诡的官场上，应对自如，如鱼得水，可谓风光一时。他的招数之一就是借他人之力，实现自己的欲望。这一招高明而又深邃。

俗话说，聪明者借力而行。

和珅为官多年，老谋深算，常常审时度势，借他人的威势达到自己的目的。

乾隆五十一年（1786 年）七月，身负提督浙江学政的左副都御史窦光鼐，查到浙江各县府库亏空，官吏们对百姓横征暴敛、胡作非为，便一纸上疏奏明乾隆："臣闻嘉尖、海盐、平阳诸县亏数逾十万，为察覆分别定拟。"乾隆准其奏，特命尚书曹文植、侍郎姜晟前往浙江盘查。令人遗憾的是，调查的结果却与他所奏事实不符。

和珅闻知，脑子迅速转动，感觉这是个谋取个人利益的极好机会，遂进言乾隆：浙江吏治腐败，前往调查的诸位大臣，所奏不一，定有虚假，皇上须派一位德高望重的大臣亲任探察，方能知晓实情，臣以为唯军机大臣阿桂可堪此重任。阿桂此去，必能查清此案。

乾隆闻言有理，决定派阿桂去查明此事，和珅赶紧提出要求，派自己的弟弟和琳跟随阿桂一起去浙江办案。

有人说，人的命天注定，和珅是不服气的，他觉得事在人为，人的命运其实是掌握在自己的手里的，精明的和珅又怎么会放过任何一个牟取私利的机会呢？他时时刻刻在拨动心里的算盘，伺机而动。在利益面前，他不能书生气，不能温良恭俭让。

草木年华，沉沉风雨，在紫禁城出现又消失。和珅独赏时光的流幻，循着古老的时间，看到了自己的命运，当他在童年牵着弟弟的手，一起迎向风雨的时候，他就下定决心，他和弟弟和琳同呼吸共命运。透过泛着老旧光泽的雕花窗棂，他看见弟弟和琳穿过甬道，朝着自己的房间走去，他嗅到了时间的纵深感。

弟弟和琳还是一个小小的笔帖式，既没有军功，又没有政绩，何时才有出头之日？这次窦光鼐参奏的浙江府库亏空，不会有假，阿桂此去，肯定会查个水落石出，和琳跟随阿桂，什么都不做，也会立功受奖。借得阿桂之声威，升和琳的官职，这样的好事，岂能不做？借得东风槐花香，不知不觉立大功。

和珅被自己缜密的谋略深深地打动了，这件事情的真实意图需要隐藏，蠢蠢欲动，却不动声色。

和琳临行之前，和珅面授机宜，要他凡事不要先出头，跟着阿桂即可。当然，秉公办事是必需的。

果然不出和珅所料，阿桂调查浙江府库亏空一案，波折颇多，曾因办案不力，袒护下属，被乾隆帝斥责，和琳的表现却令人刮目相看。案件结束后，和珅党羽户部侍郎苏凌阿，就向乾隆为和琳邀功：和琳官卑职小，但此次查案，甚为公正，且颇干练，终使案情大白于天下，显圣上持政整肃清正，和琳实应嘉奖。乾隆于是将杭州织造的肥缺赏给了和琳，不久又升为湖广道御史，从此飞黄腾达起来。

和琳赴任前的那个晚上，备了酒宴，与哥哥对饮，兄弟二人直喝到酒酣意醉，却踌躇满志：灯火中，遥望远处的紫禁城，深藏着多少曲曲折折的意境，收容着风雨兼容的记忆，砥砺切磋，近在咫尺的权力，触手可及。

还有一件事，说明和珅是善借他人之力，让自己得实惠的高手。那官场得意的隐秘，穿透百年风雨，历历呈现在人们的眼前，是厚黑学？还是官场经验？抑或是可以借鉴的教训？任凭世人评说。

乾隆五十一年（1786年）七月，台湾发生林爽文起义。其自称大师，椎牛血，造军器，竖大旗，连夜进攻清军营地，大败清军。林爽文乘胜追击，一鼓作气，攻下了彰化县城，杀死了城中的大小官员，在彰化以"顺知监王"的称号发布告示："照得文监王因斌贪污，剥民膏脂，所以本监主顺天行道。共举义旗，剿除贪污，拯救万民，以快民心。"清军此后多次攻打，又全部被起义军杀退，处于严重被动挨打的局面。

面对台湾之乱，军机处向乾隆转呈了闽浙总督常青的急报："台湾彰化县贼匪林爽文结党设会，严重危害岛内安全，聚众滋事，大有愈演愈烈之势，十一月二十七日，彰化县俞峻在大墩拿贼时，县城也被贼众占据。"乾隆看罢，大为恼火，如何才能平定台湾之乱？和珅知道，机会来了，他推荐自己的门生常青前去镇压，如能一举平定台湾，常青立功，自己在乾隆帝面前受宠不说，培植亲信，对于巩固自己在朝廷的地位，也大有好处。

但事情的发展往往不尽如人意，事与愿违这样的词汇，也会落到春风得意的和珅身上。他万万没有想到，常青竟胆小如鼠，按兵不动，不敢出击，完全辜负了他的厚望。乾隆遂迁怒于和珅。

挨了乾隆帝的埋怨和斥责，和珅脑细胞异常活跃起来，他一方面骂常青是扶不上墙的烂泥，一方面想着如何补救，再次讨得乾隆欢心。终于，他想到了福康安。

福康安，字瑶林，号敬斋，富察氏，满州镶黄旗人，他的父亲傅恒是乾隆时期的大学士，被乾隆封为郡王忠勇公，是当朝重臣，他的姑母即是乾隆皇帝的孝贤皇后。福康安从去骑尉开始，官职逐渐迁为三等侍卫，户部侍郎，镶黄旗副都统。之后，更被封吉林、盛京将军，云贵总督。四川总督、两广总督、闽浙总督、成都将军、御前大臣、工部尚书、户部尚书，并被加封太子太保、一等嘉勇忠锐公和郡王、贝子。福康安战功赫赫，是乾隆信任的宠臣。而和珅、福康安二人素来交恶不和，朝中无人不知，和珅屡次想要排挤打击福康安，终未成功。

有位乾隆使臣就曾这样记载，福康安"稍欲岐贰于珅，颇矜持，收拾人望，而宠权相埒，势不两立"。

精明的和珅知道福康安在乾隆心目中的地位，他倚窗思考，如何处理这件棘手的事情。这时，和珅正好看见乾隆的乘辇从宫外的长夹道上经过，顿时眼前一亮：在这样的危急时刻，乾隆肯定想到了福康安，自己何不就保荐他去台湾镇压叛乱，福康安如果能够得胜回朝，自己可坐享举荐之功，即使他败了，也可挫一挫他的锋芒。乾隆帝知道自己素与福康安交恶，看举荐他也会感觉自己的大度和豁达。

深思熟虑的和珅拜见乾隆，舌如弹簧般巧言，"常青年少无能，当务之急，是要派一位真正能征善战的将军，陕甘总督福康安足智多谋，身经百战，定能担此重任，应该是最适合的人选。"

乾隆抬头望去，见和珅谦恭的容颜，不禁想和珅能够做到不计前嫌，心地宽广，实在是难能可贵。当即准和珅所奏，命福康安征台。

和珅向前躬身又是一拜："派去增援的军人要精。台湾已有近十万大军，林爽文之徒不过是乌合之众。大清国大军过多，势必要猛增粮饷，去滋扰地方，会造成民众的不满。"

乾隆眼前又是一亮，暗自夸赞和珅想得周全，下诏采纳他的建议，并命协办大学士、陕甘总督福康安前往台湾替代常青，督办军务，又谕

令海兰察为参赞大臣，护军统领舒亮、普尔普为领队大臣，各带内宫侍卫等二十人前往台湾，调湖南、湖北、贵州等地绿营兵各两千人，以及四川兵两千人，增援台湾。

福康安接到圣令，心中惴惴不安，想那台湾与大陆隔海相望，居住者多数是闽、广、浙沿海一带迁徙而来的客家人，与台湾的土著民相互对立，经常发生冲突。于是，汉族百姓按原有的籍贯结成帮派，彼此互相帮助，求得生存和发展。这样，一些秘密组织应运而生，如铁鞭会、小刀会、铁尺会等。这次起义的就是影响最大的秘密会社——天地会发起的。朝廷派去的援军，根本不熟悉当地的情况，再加上贼匪众多，要想平定战乱，实是一场大仗、恶仗。他回过头去，看看自己率领增援的大军，总共不过六千人，怎么平定叛乱？他长叹一声，君命难违，只好率军一战。

福康安在台湾拼死拼活地征战一年有余，奋勇杀敌，终于在乾隆五十三年（1788年）正月初五，抓住起义军首领林爽文，将其押解京师，并在乾隆五十三年三月初十处以极刑，枭首示众。

台湾之战至此宣告结束。起义平定后，皇帝特意赐诗和珅："大学士三等忠襄伯和珅：承训书谕，兼通清汉。军书旁午，惟明且断。平萨拉尔，尔曾督战。赐爵励忠，竟成国翰！"

法国思想家卢梭在他的《论不平等的起源和基础》一文中说："从造物者出来时，一切都是好的，到了人的手里，一切都变质了。"

福康安在台湾征战期间，多次遇险，出生入死，才大功告成，得到朝廷的嘉奖。

而和珅呢？他安居朝中，稳坐钓鱼台，借助政敌福康安之力，轻易获得乾隆帝封为三等忠襄伯的奖赏。

呜呼哀哉！如此匪夷所思的事情，竟然也会在大清帝国最鼎盛时期发生，实在令人深思。

至此，官场隐秘的血腥味道，飘荡了五千年，而和珅有过之而无不及。

第四章　史上最优雅的贪污犯

"优雅"和"贪污"似乎是风马牛不相及的两个词，和珅却既是优雅的文人，又是史上最大的贪污犯。这也许就是人性的两个极端吧。就好像是冰山下的柴油一旦遇到火星就会燃烧。

——作者题记

和珅才华出众，儒雅睿智，却也是历史上最大的贪污犯。

这巨大的反差，说明了什么？从人性的原理分析，人都有两面性，一面是天使，一面是魔鬼。在诱惑面前，仅一念之差，要么上天堂，要么下地狱。

和珅可以说是清廷鼎盛时期的政治家、经济官僚、诗人、学者、艺术鉴赏家。

在乾隆后期，和珅在整顿国家财政制度，管理文化事务，特别是外交、民族事务方面，都做出了杰出的贡献。他主编了《四库全书》《大清一统志》《三通》等大型丛书，开禁《红楼梦》使其得以流行于世，他的功劳尤大。

《和珅列传》中记载：和珅聪明决断，办事利索，多才多艺，风度翩翩。乾隆年间的班禅与清朝官员的交流，和珅负责接待兼翻译；英国使者马戛尔尼访华，和珅与他交流使用英文，对答如流。

这让我们看到了一个优雅的风度翩翩的外交官形象。

马戛尔尼在《乾隆英使觐见记》中发表评论员文章："和珅相貌白皙而英俊，举止潇洒，谈笑风生，樽俎之间，交接从容自若，事无巨

细，一言而办，真具有大国宰相风度。"

有这样两个故事足以说明和珅的才华和优雅。

有一次，乾隆在暮色中读《孟子》，因天色已暗，他看不清书上的注解，就命和珅掌灯，当时和珅就问乾隆是哪一句，乾隆告诉他之后，和珅就把书上的注全部背了出来，乾隆大为惊讶，十分赏识他的才华。和珅从此飞黄腾达。

就是死，和珅都是最从容优雅的。

嘉庆四年（1799 年）正月十八日上午，寒风穿过大狱的夹道，发出呜呜长啸，好似野兽的嚎叫声，和珅缩在角落里瑟瑟发抖。他仿佛看见紫禁城宫殿凌空而起的飞檐，在冬阳下闪着光，就像他跌宕起伏的命运，一转身，已是昨天的风雨纠缠，水与火的交融，虽然背叛了初衷，泪水早已没有了意义，那就彻底将疯狂埋入坟墓吧。

突然，栅栏门被"哗啦"一声打开，皇帝派人送来一条白绫。和珅看了一眼三尺白绫，索笔题诗一首：

五十年来梦幻真，今朝撒手谢红尘。

他时水泛含龙日，认取香烟是后身。

和珅超人的深度、悟性和定力，可见一斑。

试想，目光锐利的乾隆怎会留一个平庸之辈在身边？

那个既是优雅的文人，又是史上最大的贪污犯的和珅，早已离我们远去，被历史的风雨淹没。从他身上表现出来的人性的两个极端，却值得我们深思。

写到这里，似乎看见遥远的冰山下的柴油，遇到火星也会燃烧起来，火焰里闪烁的光芒，是那样的孤独、寂寞。

编《四库全书》

乾隆三十八年（1773 年）二月，"四库全书馆"成立，乾隆帝组织大批文人开始编纂全书。

四年后，最受乾隆帝青睐的和珅，受命接任《四库全书》正总裁一职。

和珅官居高位，不仅仅取决于他的精明和溜须拍马的本事，还因为他才华横溢，儒雅、文明，学识渊博。他精通满、汉、蒙、藏四种语言，经史典籍无不涉猎，文字功夫出众，武功骑射、琴棋书画无所不通，特别以诗闻名。清人钱泳产称和珅的诗颇有"佳句可寻"，而当时的大诗人袁枚则这样夸赞和珅："少小闻诗礼，通侯即冠军；弯弓朱雁落，健笔李摩云。"

有人给和珅定位：政治家、经济官僚、诗人、学者、艺术鉴赏家和政治斗争的失败者。

和珅的学者身份，表明他担任《四库全书》正总裁是称职的。事实证明，他确实尽心竭力地编纂了这部巨作，为这一巨大的文化工程做出了不可磨灭的贡献。

抚着《四库全书》细密交织的字迹，再次重现中国历代的文化传统——"盛世修典"。宋朝的《资治通鉴》、明朝的《永乐大典》，都体现了当时社会文化的昌盛和综合国力。清朝自康熙、雍正以来，社会趋于安定，国力日趋强盛，人民更加富庶。这就为文学的兴盛提供了优越的环境。康熙、雍正两朝曾完成了《古今图书集成》的编纂。乾隆决定编纂一部空前的大典——《四库全书》就不难理解了。

这部权威经典超越以往所有的书籍。

《四库全书》的编纂浩繁持久，对于这项巨大文化工程，乾隆是高度重视的，他让六子永瑢负总责，内阁大学士于敏中任总裁；纪晓岚负责内容编纂，任总编纂官。当时参与者有陆锡熊、孙士毅、戴震、周永年、邵晋涵等，都是著名的学者。所有参与编书的文人有 3600 多人，抄写人员另有 3800 人。

《四库全书》的编纂者，都是很有名气的文人学者，那时的和珅还

是个御前侍卫，虽具有很深的文化底蕴，但参与《四库全书》的编纂，是想都不敢想的。

世上的事情就是这样不可捉摸，谁会想到，当年皇帝身边的一个小小侍卫，几年后会成为这项浩大文化工程的正总裁，与名动天下的纪晓岚合作编书？

时光的漫漶，隐藏着不可知的事情，往往让不可能变成可能。

《四库全书》搜集众多的材料，如何翻检排删那些对朝廷不利的书籍？乾隆发现在编纂过程中，参与者们不敢大删大改，这样将不利言论流传于世，对大清国不利，乾隆深处的不满，时时流露出来，这让编纂者们惴惴不安。果然，乾隆四十五年（1780年），和珅干净利落地查办了李侍尧一案。针对《四库全书》存在编修问题，乾隆任命能干又忠实于自己的和珅为《四库全书》的正总裁，负责统领协调整部《四库全书》的编纂工作。纪晓岚、刘墉等俊杰才子成了他的下属。

受宠若惊的和珅敏锐地意识到，这是成就他文化大业和学者名声的绝好机会。

既然乾隆帝将《四库全书》的编纂作为一项千秋伟业，自己就要为《四库全书》作出贡献，相信乾隆定会更加宠信自己。另外，趁机在诸位翰林中培植势力，巩固自己的地位，何乐而不为呢？

因此，和珅为这一项文化伟业，殚精竭虑。

和珅是懂得如何用人的，在编纂《四库全书》的过程中，他特别重视"实力派"的纪晓岚等人的意见。《四库全书》主体内容的编纂大部分是由纪晓岚完成的，和珅除了严格把关不利于朝廷的文字内容外，尽量做到不干扰学者们的工作，和珅的领导才能可见一斑。

和珅在《四库全书》的编纂中，感觉急需编辑人才，正好云南巡抚孙士毅因为牵及李侍尧一案被革职，被押解京城。如若发配流放伊犁，是否还能返回内地，难以料定。和珅知道孙士毅颇有才气，孙士毅也曾帮过和珅，和珅决心帮他一把，把他调去编纂《四库全书》。

朝阳透过木格窗的遮拦，将辉光丝丝缕缕地洒在乾隆帝的身上，他正伏案写诗，兴致之高，使他的脸红彤彤的，眼睛里有一束红色的火焰

在跳跃。写罢，他满意的神色，让他显得慈祥而高贵。在一旁候了很久的和珅，轻手轻脚地走向前去，观看着乾隆帝的表情，他决定向皇上启奏他准备启用孙士毅修编《四库全书》："孙士毅只不过是李侍尧案的一个从犯，且臣听说孙士毅才学广博，如今编纂《四库全书》正是用人之际，把这样一个熟读经书的饱学之士发配伊犁，岂不是浪费？不如将他调去编修《四库全书》，将功赎罪。这样一来，孙士毅必定感激皇恩浩荡，尽心竭力。如果他再出什么差错，皇帝再定他的罪，谅他也无话可说。"乾隆写了一首满意的诗正高兴，听和珅之言有理有据，重要的是对编书有利，怎能不欣然应允？

和珅一边谢乾隆恩准一边想，为了编《四库全书》而赦免一个流放之人，可见皇上对这本书的重视，自己万万不可大意。

《四库全书》的编纂经常遇到问题，和珅上任后，就面临着文献搜集的问题。

编书需要大量的参考文献，尽管朝廷几次下诏寻找历史上流落下来的文献，但历经战火的民间很多的文献都散失了。明朝永乐年间成书的《永乐大典》是重要的官方参考文献，它收录了古代重要典籍七八千种之多。全书分门别类，辑录上自先秦、下迄明初的古书资料，经史子集、道释、医卜杂家之书汇聚群分，甚为详备。更难能可贵的是，收录在《永乐大典》的古代文献都经过了详细的考证，而且未曾删改，对编修《四库全书》很有借鉴意义。可惜的是，经历明末清初的那场战乱，《永乐大典》全本早已不见踪影，纪晓岚等人多次到翰林院查找都没有结果。

找不到《永乐大典》，如何编纂四库全书？和珅日夜查阅历史资料，发现《永乐大典》编成后一直珍藏在南京。明永乐十九年（1421年），明成祖朱棣迁都北京，将《永乐大典》带到了北京，收藏在故宫内。嘉靖四十一年（1562年）八月，誊写了副本一部，从此《永乐大典》就有正、副两部。后来，《永乐大典》的正本遗失，副本一直保存在明朝的档案库内。到了乾隆时期，档案库的藏书无论公藏、私藏都浩如烟海，由于疏于管理，一时无法找到。和珅下令细细查阅，一定要找到《永乐大典》。

和珅是个比较执拗的人，他要做的事情，就一定要做成。

为了找到《永乐大典》，和珅请求乾隆下旨给翰林院。翰林院官员虽然不乐意，也只好遵旨再次查找。和珅怕他们敷衍了事，遂亲自带人到翰林院的书库查找，却仍不见踪影。所有人都认为这部大典一定是在明末战火中遗失了。和珅不死心，又认真查阅了资料，认定《永乐大典》这么重要的典籍，就算是丢失了，也一定会有记载。既然没有记载，那么副本应该还在翰林院的某处保存着。

和珅下令：除书库外，将各处房屋的顶架、角落，闲置的亭子、阁楼等再认真查找一遍。

众人见和珅这样执着，随即在翰林院展开搜索，一个角落都不放过。

功夫不负有心人。敬一亭有个偏僻阁楼，那个上午，查找《永乐大典》的官员在一个角落里惊喜地发现了静静躺着的尘封已久的《永乐大典》。

和珅捧着这部书，掸掉覆盖在上面的灰尘，一种陈年已久的霉味扑面而来，从那股味道里，他又一次嗅到了时间的纵深感。

找到《永乐大典》，和珅为《四库全书》的编修立下大功。

和珅为了保证《四库全书》的质量，绞尽了脑汁，他知道乾隆帝在昭仁殿，有一个专门的藏书处，将宫中珍稀古籍聚于此，并赐名"天禄琳琅"，是清皇家藏书的精华所在，其中有很多外面见不到的历代珍籍善本。这些书都是五色织锦封面、宣绫包角，每册书的封面和封底衬页上都钤上"五福五代堂古稀天子宝""八征耄念之宝""太上皇帝之宝""乾隆御览之宝""天禄继鉴"五玉玺，称为"乾隆五玺"。这些书籍对编修《四库全书》是极其珍贵的资料。内务府和"天禄琳琅"的书向来只供皇族阅读，并不外借。和珅恳请乾隆允许翰林前往宫中把这些珍贵的书籍抄写一份副本，以作《四库全书》编修之用，乾隆恩准。再加上民间捐献和从翰林院调取的资料，国子监以及内务府也藏有大量古书典籍，如珍贵的宋、金、辽、元、明的善本，还有各朝实录、玉牒与《大清会典》等。这些史料的挖掘，使《四库全书》的参考文献丰富起来，编修进度明显加快。

那些学识渊博、自视清高的编纂《四库全书》的文人们，亦由此对正总裁和珅，开始刮目相看。

和珅作为政客，懂得乾隆最关注的是控制文化和言论。当第一部《四库全书》的抄录工作接近尾声，他为如何规避"违制"言论让皇上满意，绞尽了脑汁，甚至可以不顾书的历史价值和文化价值，这样就引起参与编修的大儒们的不满，引起了矛盾。如他标记出"胡""虏""贼""虏廷""入寇""南寇"等敏感字，让负责校对工作的陆费墀以及负责编纂内容的纪晓岚，用别的字替换之。

一场争论必不可免。双方陷入僵局。

最后，和珅把问题呈交皇上，请皇上定夺。

事情的结果，可想而知，乾隆帝对和珅的建议赞不绝口，命令将书中出现的不适的字，全部替换，斥责了纪晓岚、陆锡熊、陆费墀等人不体察圣意、编纂不用心的行为。随后，乾隆帝催促各地加紧查缴违禁书籍。纪晓岚、陆费墀等人难违圣命，只得逐一进行了修改，一个多月才完成，却又被乾隆帝训斥了一顿。

和珅小人得志，为迎合皇上越发严厉，只要发现有"违逆"的言辞，一律删改，并对有"影射"之嫌的书籍加以销毁。由此，编入《四库全书》的资料，在客观上降低了史料的真实性。

乾隆四十九年（1784年），《四库全书》虽有遗憾，却终于完成了。全套书用不同的颜色区分开来，四部书的颜色依春、夏、秋、冬四季而定，经部为绿色，史部为红色，子部为月白色（或浅蓝色），集部为灰黑色，而《四库全书总目》采用代表皇权的黄色。

和珅在《四库全书》的整个编纂过程中，摸着乾隆的脉搏、看着乾隆的眼神，肆意篡改历史资料，虽赢得乾隆的信任和欢心，也才华尽显，为大清国的文化事业增添了浓墨重彩的一笔，但也使《四库全书》的历史价值和文化价值有所降低。

官场的和珅更加得意，他走在清寂的庭院里，闻到了春天百花的芬芳。

潇洒外交官

和珅相貌堂堂，俊美飘逸，他为臣多年，智慧和才能应该是超人的。世人只知道和珅是史上最大的贪污犯，却很少有人知道他曾是个智慧、潇洒的外交官。

乾隆四十五年（1780年），和珅出任理藩院尚书，总理清政府的外交事宜。

也许，多年的官场摸爬滚打，把他的灵魂一层层地包裹起来，虽使他变得不可揣测，但原有的温度和质感却不曾逝去。接手大清国的外交官，他更是如鱼得水，做得顺风顺水。他曾先后接待过朝鲜、英国、安南（现越南）、暹罗（今泰国）、缅甸、琉球和南掌（今老挝）等国的使臣。

他的风度，让人仰慕；他的潇洒，让人忌妒。

当他干练、果断地处理清政府同英国之间的外交事务时，他机智和幽默的语言，既有天赋的色彩，又有后天的历练。当他向各国使者传达乾隆帝的谕旨，出色地完成了外交任务，回到家里时，他是怎样的感受？

午门以深。那些星罗棋布、波澜起伏，由无数直线和曲线组成的宫殿庭院里，皇上还在这天地精华——华丽轩昂的乾清宫中奉天承运吗？他看到了那条纵贯南北的子午线，应该是帝国内部最敏感的中枢主导神经，自己作为这条主导神经上的一个小神经，所起的作用却是不可估量的。

和珅骄傲地站起身，走到豪华的书柜前，却不知想看哪本书，只好坐回越南黄花梨木的太师椅上，眯起了眼睛，他仿佛看见乾隆帝在空旷的长风中伫立，他的内心，循着古老的时间缓缓地梳理他走过的路。

众所周知，乾隆时期是世界大发展的时期，各国经济交往增多，各国使节也纷纷进驻京城，希望同大清国建立良好的关系。

早在乾隆四十三年（1778年）八月，和珅就在陪同乾隆帝到东北拜谒祖陵时，便以吏部侍郎的身份与朝鲜使臣李澈接触过。李澈对和珅的记忆尤其深刻，他写道："皇帝乘马执鞭过臣等所望处，间不过五六

步，顾谓侍臣曰：'彼是朝鲜使臣乎？'有一衣黄者对曰：'然矣。'衣黄者闻是吏部侍郎和珅云。皇帝遽曰：'通官前来。'则衣黄侍臣谓通官曰：'使臣何为起对？'皇帝笑曰：'朝鲜礼法'，例如此矣。"

乾隆皇帝有个习惯，每年元宵节前后，都要请各国使臣到圆明园观看烟火和戏剧，并赐馔款待，和珅的繁忙可想而知，他常常到使臣们坐处，"久立，视所食多少。又问臣等科名品级，故臣等谢以不安之意，即答以此是皇命，非私自来观云"。

嘉庆三年（1798年）的正月十九日，圆明园格外热闹，乾隆帝在宴请各国使臣。和珅穿梭往来，安排得井井有条。宴后，他奉太上皇之命，传达太上皇、皇帝对各国国王的问候，并接受使臣的行礼。之后，和珅还代表皇帝、太上皇"各赐酩茶一巡，果盒饼肉之馈"。他的彬彬有礼和周到细致，给外国使节留下了深刻的印象，可以说，和珅担任外交官是称职的。

和珅代表大清国与外国使节交往，有礼有节，尽职尽责。也许，他的爱国情怀和翩翩风度给外国使臣留下了深刻印象，至今，在外国使者的多种记述中还可以看到他的名字，尤其是朝鲜使者和他频繁接触后，往往记载留存。

在大清国的外交活动中，和珅作为外交大臣是勤勉的，他知道他肩上的责任，每一次接待外国使臣，他都如履薄冰，小心翼翼，凌晨四点就起床，看有关资料，揣摩皇上圣旨上的每一句话，考虑接待中的每一个细节，坐以待旦。由于他准备得充分，经他处理的外交事务总会圆满。有这样一件事情，足以证明和珅的外交能力和才华：

乾隆五十八年（1793年），英国政府正式派出以乔治·马戛尔尼勋爵为正使、乔治·斯当东为副使的使团访华，这次访华在中英历史上影响深远。

当时的英国，工业革命方兴未艾，迫切希望能同中国建立贸易通商关系，打开中国的经济大门，为他们日益增长的生产力开拓新的巨大的市场。而大清国却蜗居在闭关锁国政策的巢穴里，过着自给自足的日子。乾隆二十二年（1757年），朝廷就下令关闭了宁波、漳州等几处通

商口岸，只留下广州一处与外国通商，这极大地限制了中外商品贸易。英国早就觊觎有着广袤土地的大清国的市场，以倾销他们的产品，占领中国市场。

当马戛尔尼一行从英吉利海峡的朴茨茅斯港出发，分乘军舰"狮子号"和"印度斯坦号"，在天津大沽口登陆后，受到了清政府的热情接待。他们看见了风度翩翩且潇洒的大清国外交官和珅彬彬有礼、有礼有节、不卑不亢的微笑着的脸庞。

身为理藩院尚书的和珅，受乾隆皇上的旨意，全权负责接待事务，不仅出尽了风头，而且展现了其卓越的外交才华。

会谈开始就陷入僵局。

闭关锁国的大清国自傲自大似乎由来已久，注重礼节成为大国实力的表现。因此，那个上午，中国的外交官们要求英国使臣按照中方的礼仪对乾隆行跪拜大礼；而同样傲慢的马戛尔尼则认为自己是代表大英帝国前来的使臣，怎么能行这么重的大礼？

会谈的气氛里，浮动着不安的分子。

清朝政府多位官员的眼中闪动着昂奋的光芒，却都没有谈成功，和珅只好亲自出面。

和珅的方法不同，会谈中，他不提行大礼之事，只是热情地介绍大清国的实力，给予英方人员无微不至的关照。这个穿蟒袍褂的大清国的最高外交官的脸上，始终挂着温暖的微笑，那微笑似乎可以化解一块冻结着的冰。英国使臣马上感到这个官员与其他人不同，态度随之缓和。

会谈的结果，采取折中的方式，双方都对此比较满意。即在农历八月初十日乾隆万寿节庆典之前，先举行非正式会见，彼时，英国公使可以按照英国礼节，行单膝跪拜礼；到了乾隆万寿节庆典之际，则必须行三拜九叩之礼。

和珅为此还专门制订了一份详细缜密的礼仪程序表呈递给乾隆御览。内容如下：

"臣和珅谨奏：窃照英吉利国贡使到时，是日寅刻，丽正门内陈设卤薄等大驾，王公、大臣、九卿等俱穿蟒袍褂齐集。其应行入座之王公大臣等，各带本人座褥至澹泊敬诚殿铺设毕，仍退出，卯初，请皇帝御龙袍褂升宝座，御前大臣、蒙古额附、侍卫仍照例在殿内内翼侍立，乾清门行走、蒙古王公、侍卫亦照例在殿外分两翼，侍内大臣带领豹尾枪、长靶刀，侍卫亦分两班站立，其随从三五大臣、九卿、讲官照例于院内站班，臣和珅同礼部堂官率钦天监副素德超，带领英吉利国正副使等恭逢表文，由避暑山庄宫门右边门进呈殿前阶下，向上跪捧恭递。御前大臣福长安恭接，转呈御览，臣等即令该贡使此向上行三跪九叩头号礼，毕。其应入座五三公大臣以次入座，带领该贡使于西边二排三米，领其叩头入座，俟令侍卫照例赐茶，毕。各于本座站立，恭候皇上出殿、升舆。臣等将该贡使领出，于清间阁外边伺候，所有初次应行例尝该国王及贡使各物，预先设于清音阁前院内，候皇上传旨毕，臣等带领贡使，再行瞻觐。颁尝后，令其向上行谢恩礼毕，再令随班入座，谨奏。"

和珅在这份奏折里，把接见过程表述得非常清楚，足以显现他办事的细腻周全和外交才华。整个接见英使的过程，完全是按照他的设计进行的，我们仿佛隔着百年历史的尘烟，看见了当时接见英使的全景；看见了潇洒的大清国外交官和珅，在气势汹汹的英使面前的翩翩风度，他的不屈服的民族骨气和卓越的才华，让大清帝国的尊严闪现着气节的光芒。

接见仪式结束后，英国使节向乾隆提出了开放通商口岸、两国进行贸易的要求。沉浸在大清帝国美梦中的乾隆对此不屑一顾，就让和珅打发英使回去了。

和珅在和英使谈之前，对英使的情况做了全面了解，他派人前去英使驻地打探，回报说英国人因远涉重洋，水土不服，已经死了三个人。和珅心里有数了，他可以以此为借口撵英使回老家了。他接见马戛尔尼，把始终不变的温暖的微笑挂在脸上，说出了他的意图："公使先生，听闻贵国使团中有几位随从不幸去世，我国表示哀悼。我国与你国气候差异甚大，尤其入冬以后，天寒地冻。你们远道而来，一路上也不容易，本应多留你们住些时间，但我主万岁体谅你们的不易，鉴于这种情

况只好让你们早些回国了。"

和珅的机智和能言善辩，赢得了外交上的主动。

马戛尔尼目的还没有达到，当然不会轻易回国。他说了几句表示谢意的话之后，就拿出了早已拟好的条约，内容大意是要清政府开放通商口岸，并给他们一块地作为货物中转站。

和珅马上把他们的要求呈报给乾隆，乾隆对这些要求一概拒绝，并给他们下了谕旨："我天朝物产丰富，无所不有，本不需外夷货物，因为茶叶、瓷器、丝绸乃西洋各国必需的东西，朕体谅西洋各国的难处，所以准许在澳门开设洋行，满足夷人所需。至于额外贸易之事，与天朝法度不合，不准进行，天朝法制森严，每一寸土地都开于版图，不容分制，英人请求赏给土地一事，断不可行，至于英商免税、减税一节，西洋各国均属相同，亦不便将英国上税之例独为减少，公布准则一节，粤海关向有定例，毋庸另行晓谕，尔国王惟当善体朕意，益励款诚，永矢恭顺，以保全尔有邦，共享太平之福。"和珅看了这道谕旨，立刻召见了马戛尔尼，把乾隆回复英国的国书交给他，示意他马上率团回国。马戛尔尼知道乾隆已经关上谈判大门，只好回国复命去了。

英国使者马戛尔尼访华，和珅全程陪同。马戛尔尼在《乾隆英使觐见记》中发表评论员文章："和珅相貌白皙而英俊，举止潇洒，谈笑风生，樽俎之间，交接从容自若，事无巨细，一言而办，真具有大国宰相风度。"

和珅在外交事务中，始终忠实地执行着乾隆的外交方针，热情而不失原则，使外国使臣受到了最礼貌的接待、最严密的监视和最文明的驱逐，不卑不亢，有理有节，多次出色完成外交任务。

和珅不愧是位充满智慧的潇洒外交家。

民族事务家

和珅，多才多艺，不仅是出色的外交官，还是民族事务家和翻译家，他精通汉、满、蒙、藏四种语言，在乾隆皇帝的谕旨下，多次圆满

完成各民族事务。

中国至清朝时期，国内各少数民族和朝廷交往非常频繁，懂少数民族语言的人才需求，让乾隆很是头疼。和珅凭借着他的语言优势脱颖而出，成为乾隆时期最为出色的民族事务家。

乾隆四十五年（1780年），一匹快马在人们惊讶的目光中，冲入北京城，穿过条条的街道，直奔正阳门。那是西藏六世班禅飞马急送给朝廷的一封书信，信是用藏文写成的，满朝文武大臣面面相觑，无人看得懂藏文，诺诺而不敢言。乾隆帝威严地扫视着大臣们，那表情说不清楚是什么意思。他知道，国家根本就没有培养外交和民族事务人才的教育，大臣们不懂藏文也情有可原，可是，眼前的信谁都看不懂，如何是好？他感到，胸中有股急火在来回撞击。

和珅启奏皇上，他看得懂藏文。乾隆正愁，闻言命他读信。和珅不慌不忙地拿起书信朗声念道："小僧自幼仰承文殊菩萨大皇帝豢养之恩，不胜尽数，非他人所能比。小僧乃一出家之人，无以极称，虽然每日祝祷文殊菩萨大皇帝金莲座亿万年牢固，并让众喇嘛等诵经祈祷，但仍时时企望觐见文殊菩萨大皇帝。庚子年为大皇帝七旬万万寿，欲往称祝，特致书大皇帝膝前，以达敝意。"读罢，和珅垂手谦恭肃立一旁。此刻，和珅的心中是否正得意？

乾隆震惊之余，喜欢得不得了，这等的才华正好为国所用。他慈祥地望着和珅，好久才想起命他拟诏，和珅用满、藏、汉三种文字拟定了诏书。诏书中说："昔据章加呼图克图奏称：'班禅额尔德尼因庚子年为大皇帝七十万寿，欲来称祝'，朕本欲见班禅额尔德尼，因道路遥远，或身子尚生，不便令活佛远涉。今活佛亲自修书，致达尊愿，实属吉祥之事，特允所请，是年朕万寿月，即驰热河，外藩毕集，班禅额尔德尼及若于彼时到热河，最为便宜。"

为了显示对班禅此行的重视，展现大清帝国的强大，乾隆特命在热河为班禅择地建庙，以供停驻下榻之用。

和珅极为出色的表现，又一次受到乾隆帝的青睐，他把为班禅建造庙宇的事交给了他。精明的和珅知道这是有关国体的大事，哪敢有丝毫

懈怠？亲往热河，勘测地形，反复修改图纸，建造了一座具有西藏本地特色的富丽堂皇的庙宇。

当和珅把设计好的图样呈现在乾隆面前，乾隆大悦，命他加紧督造。

据史料记载：此庙按原有名称称为"须弥福寿之庙"。在普陀东乘三庙东侧建造，计划共占地三万七千九百平方米。整个建筑建造在山麓之上，寺院由前、中、后三个部分组成，前部建有碑亭，后部建琉璃万寿塔，依循山势，逐次升高，庙的前部建筑由五孔石桥、石狮子、山门、碑亭、琉璃牌坊组成。周围建有围墙环绕，左右建有东西掖门，上面按照中式宫城的格局建有楼台。整座庙坐北朝南，正中的大红台与东红台、吉祥法喜殿相毗连，交相辉映、相得益彰，给人一种辉煌庄严之感。

迎六世班禅的庙宇是一项很重要的建筑，为了尽早完工，乾隆赋予和珅财力、人力调用的权力。不到一年，"须弥福寿之庙"建成开光，和珅因督造有功，又一次获得封赏。

和珅出色的语言天赋和处理对外事务的能力，被乾隆看好，遂任命他为理藩院尚书，管理蒙、疆、藏事务及外交上的一切事宜。理藩院首长尚书历来由满族王公担任，实际地位高于吏、户、礼、兵、刑、工六部首长。和珅担当此职后，多次帮助乾隆帝处理西藏、新疆以及西南地区的少数民族问题，深受乾隆器重。

不禁《红楼梦》

和珅的一生，可以说罪孽深重，却也做过好事，他最大的功劳就是成就了旷世奇书——《红楼梦》。

乾隆时期，《红楼梦》的书名为《石头记》，乃落魄书生曹雪芹所著。书的艺术价值高且深，堪称天下第一书，却因为涉及皇族，揭露了社会的腐败与黑暗，主人公的性格与封建伦理相悖，所以一度被列为禁书，不允许任何人出版和阅读。书虽遭禁，却在民间流传着手抄本。

一个春风和煦的上午，和珅到苏凌阿家里做客。宾主寒暄落座，和珅端起青花瓷茶碗，伏雅地啜了口茶，在放下茶碗的一瞬，发现了《石头记》的原稿，正静静地躺在茶桌上，显然，苏凌阿在看此书。他激动地拿起书，爱不释手。凭着文人特有的嗅觉，和珅知道这是一本千载难逢的好书。

《石头记》的作者曹雪芹，是康熙年间江宁织造曹寅的孙子，家中累世巨富，自幼过着锦衣玉食、无忧无虑的生活。康熙帝诸皇子争夺皇位，曹家支持皇八子胤禩，皇四子胤禛（雍正帝）即位后，曹寅被抄家。十三岁的曹雪芹陷入饥寒交迫的深渊，从之前的过着衣食无着的生活竟到了喝粥维持生活的地步。命运多舛的曹雪芹，看透了世间百态，他要记录下这世间的不平和炎凉，拿起笔撰写《石头记》一书。乾隆三十八年（1773年），曹雪芹唯一的儿子病死，曹雪芹不堪丧子之痛，哀痛成疾，终于不治。曹雪芹的好友敦诚在《挽曹雪芹》诗的注中提到："数月前，伊子殇，因感伤成疾。"

曹雪芹死后，留下了《石头记》前八十回的书稿，后四十回只有散落的一些片段和部分回目，并未成型。这本不完整的《石头记》恰似曹雪芹多舛的命运。由于书中涉及康熙、雍正年间各皇子为争夺皇位继承权而明争暗斗和男女关系的内容，被称为淫秽之书，故被朝廷列为禁书。

《石头记》被列为禁书后，却在文人墨客、市井小民中辗转抄录，少数大胆书商冒险刊发，广为流传。

此时的和珅正出任《四库全书》正总裁，按照乾隆帝的圣谕，查缴"禁书"，要求"将违碍字句的书籍，着力查缴"。他毕竟读过书，爱书，惜书。他早就听说过《石头记》，自己是朝廷负责收缴禁书的官员，不好向别人索要。从苏凌阿那里借来《石头记》，烛花摇曳中，和珅立即被书中的故事吸引住了，他似乎看到了自己的影子，越看越入迷，渐渐地沉醉在其中，忘了周围的一切，直到仆人前来唤他吃晚饭，他才发现天已经完全黑了下来，合上书，不免又是一番慨叹。

暮色四合，和珅的思绪还沉醉在强烈的共鸣中，他佩服曹雪芹飞

扬的文采和大胆的描述，称《石头记》为天下第一书。这段日子，他被八十回后的内容，搞得寝食难安，急忙吩咐苏凌阿寻找，苏凌阿只找到曹雪芹遗存的一些回目和零散的片断。和珅无法看到《石头记》后面的内容，心中又割舍不下，于是反复阅读八十回的《石头记》。他读的次数越多，越觉得这是一部旷世奇书，如将它刊发面世，也算做了件好事。一个两全其美的主意，酝酿成熟，找人修改和续写！

朝廷虽有查禁令，但像修改《四库全书》一样，对全书做一番处理，删掉那些不合圣意的地方，再续上一个能够接受的结局，皇上肯定高兴，是不会加以阻拦的。只要得到了皇帝的首肯，摘掉"禁书"帽子，《石头记》就可以公之于世了。

经过一段时间的考察，和珅找来高鹗，命他修改和续写《石头记》。

高鹗是汉军黄旗内务府人，熟谙经史，工于八股文、诗词、小说、戏曲、绘画及金石之学，在乾隆年间颇负盛名，是清朝才华横溢的举人。

高鹗喜欢《石头记》由来已久，早对其情节、故事了然于胸。于是他喜不自禁接受了任务，仔细揣摩原作者的创作意图，依据曹雪芹留下的回目构想，很快完成了续写工作。

和珅看完了续写的书稿，细细阅读了一遍，并不满意。他认为续写部分读起来比较通畅，结局却过于绝望，给人一种压抑感，肯定通不过乾隆这一关。他要求高鹗重写。他重新安排一个略为圆满的结局，命高鹗标出原作八十回中悲伤和压抑的文字，命他一并加以修改。

高鹗却以这样做会歪曲作者本意为由而不愿修改。和珅认为修改后的作品虽有违曹雪芹的创作，却比永远被封强，终于他凭着自己的三寸不烂之舌，说服了高鹗。而高鹗亦不敢得罪和珅，无奈按和珅的意图重新续写了后四十回的结尾，对曹雪芹的原稿中凡是涉及朝廷避讳之处都做了相关修改。文采非凡的高鹗堪称小说大家，续写部分的语气、意境与原著无二，几可乱真。

和珅阅过后，非常满意，为此书取名《红楼梦》。

书终于修改完了，如何说服乾隆帝开禁出版呢？和珅绞尽了脑汁。

要想解禁《红楼梦》并非一件易事，这需要乾隆帝御笔亲批，弄不好还会惹祸上身。

突然，一个主意涌上心头：从太后那里找突破口。

乾隆是有名的孝子，只要想办法摆平了太后，后面的事情就会水到渠成了。圆滑乖张的和珅知道太后喜欢听故事，于是暗地里将《石头记》的内容默记下来，然后每天向太后请安时，给她讲上一小段。太后被吊足了胃口，寝不安，食无味，欲罢不能，索性让和珅把那本书呈上来，以便看个痛快。和珅听后，十分为难地说："奴才也想把这本书献给太后，只是它是禁书，没有皇上的许可，没人敢刻印啊！"太后听入了迷，哪肯善罢甘休，于是，她找到乾隆帝，要求他立即将这本书解禁。

乾隆帝命令和珅重新审查《红楼梦》。和珅连忙说他已经将书稿审查了好几遍，没有特别忤逆的情节。同时将《红楼梦》献给皇上御览，请求若无重大问题，付诸发行，以让天下人都能阅读，同时沐浴皇帝的恩泽。

乾隆帝阅读了和珅送来的《红楼梦》后赞不绝口，于是下旨："查禁违逆书籍，是为了端正世道人心，惩办大逆不道、煽动民变之徒。《红楼梦》不过都是家事，只能算是才子之书，从此解禁。"

《红楼梦》一经解禁，迅速流传全国，风靡一时。高鹗也因此声名大振，很快就中了进士，而阅卷官正是和珅。

和珅曾大兴文字狱，却是《红楼梦》开禁传世者，功过如何评价？恐怕历史早已做出了回答。

天亮时，宫殿的轮廓一层层自天宇下浮现出来，此时，和珅穿着蟒袍大褂，朝紫禁城走去，他的命运，是否和《红楼梦》里描写的结局一样呢？

第五章　清除异己不用刀，却一地血痕

顗见江绩亦以正直为仲堪所斥，知仲堪当逐异己，树置所亲。

——《晋书·殷顗传》

和珅成功地成为一人之下万人之上的"二皇帝"，可内心却仍然充满焦虑，自己站在一望无际的大清国土地上，依旧是孤零零的个体，而不能以复数存在。

危机感纠结在内心，让他的心日益坚硬，人性里多了狼性的成分。

每当早朝，眼前那黑压压的群体，让他心生恐惧，该怎样才能靠山不倒，天下臣服？

和珅的思考，日益深刻，制造文字狱，结怨福康安，毒酒杀异己，这些只是和珅为官二十多年来的倾轧异己的缩影，他清除异己的手段高明，阴险毒辣，杀人不用刀，却一地血痕。

朝廷这盘棋，政治智慧博大精深；清代官场芸芸众生，生态尽在其中。

和珅的智慧足够，情商足够，狡猾心思，驭人风格，所有的秘密都交织在他惊世的阴谋和智慧中，进退之平衡，步步为营玩权术，令人不寒而栗。

顺我者昌逆我者亡，和珅不但把多数与自己相悖的官员的命运玩于股掌之中，就连乾隆皇帝也被玩得团团转。他的可怕，在于他的阴谋构陷和欲加之罪，让冤死的官员不得死因，甚至做梦也不会想到，战功卓著、政绩斐然的他们，竟然有一天死于和珅这个阴谋家的手里。

呜呼！

和珅的官场独特本领，在欲望、诱惑、争斗、黑幕、心计、私密中，曲折复杂。他的阴谋和构陷，成为多少人的噩梦！

是历史选择了和珅，和珅抓住了历史的契机，他是一个历史的宠儿和佼佼者；同时，他又是一个不择手段的阴谋家、狼性十足的巨贪。

当和珅举起那杯透明毒酒时，人的劣根性在他身上表现得淋漓尽致。人们在文字狱的可怕景象里，听到冤魂的呐喊，那声音凄厉，无奈无助。

和珅的阴险毒辣，令人发指。

制造文字狱

清廷犹如一盘棋，需要博大精深的政治智慧，才能进退自如，步步为营。和珅悟到其巧妙，将权术玩弄于股掌之中，是弄臣还是为官之术？

和珅为官，小心翼翼，如履薄冰。他知道，尽管有乾隆皇帝的赏识，朝中的大臣无人敢对他不敬。但还是有人，觉得和珅是谄媚小人，靠讨好君王立足，聚在一起的时候，难免语带讽刺，夹枪带棒，经常让他下不来台。

这一切是怎么刺痛他的心呢？和珅就是和珅，笑在脸上，记在心里。为官的功夫，已经到了炉火纯青的地步。他有安忍如山、深藏如海的本事。

那一天，和往日没有什么区别，晴空朗日，白云随风浮动，和珅的心情好得很，他坐在军机大臣的位置上，傲慢地扫视着他的下属们。出乎意料的事发生了，和珅只有叹息，却也恨得咬牙根。

江西巡抚海成来京述职，进了军机处的门，热情似火地向所有的人打千作揖，唯独在和珅面前昂首挺胸，不理不睬。这也罢了，说出来的话更加伤人，什么没想到几日之间军机大臣又多了一个，有人坐了冲天的爆竹了，能耐大得很哪！可离谱的事情还在后面，有人竟对和珅的长相进行侮辱。和珅的尴尬可想而知，直觉世界的噪声洪水般地涌向耳膜，脸上却一直微笑着，浊重的喘息在理智面前清醒。他没有发作，血液之盐，一遍遍地把仇恨的利剑擦亮。没有人知道，他浑身每一处都是愤怒的神经。

自此，和珅开始寻找海成的把柄，就像在黑夜里无止境的深水里泅渡。

清廷一向盛行的文字狱，乾隆时期更甚。海成对乾隆帝收缴"禁书"的指令，卖力执行，一年竟收缴了千余部，上奏说"尚不能一时尽净"，要继续尽力罗掘，得到了乾隆的嘉奖。天下事变幻莫测，因一部《字贯》书，他丢了性命。

《字贯》的作者王锡侯，曾考中举人，后屡试不中，遂发愤著书。

乾隆四十年（1775年），王锡侯花费了十七年心血所著的《字贯》一书刊行面世，却因他在序言里的一句话惹了大祸："天下字贯穿极难，诗韵不下万字，学者尚多识而不知用。今《康熙字典》增加到四万六千多字，学者查此遗彼，举一漏十，每每苦于终篇掩卷而茫然。"

这段话，也许有些自命不凡，却绝无他意。

王锡侯的这本书，其实就是一部简明的字典。目的很明确，为了能够将天下字贯通联系，使学者能够举一反三，便于查找。

这本来是件好事，却祸起萧墙。

文字狱，就是曲解文字的用意，去诬陷作者。

也该王锡侯倒霉，他的一个同乡不知出于何种目的，以诬蔑贬低圣祖康熙的名义，将用倔强擎着薄薄命运的王锡侯告官，办案人正是海成。这个海成傲慢不羁，办事潦草，未加认真审核，就奏请先革去其举人之职，再审拟定罪。终于惊动乾隆帝。乾隆认真地阅过该书，根本就没有发现不适之词，当然不必继续追究。

事情朝逆转的方向变化，是因为和珅。

这天，和珅陪伴皇上在宫里读书，发现《字贯》一书静静地躺在乾隆的书桌上，和珅拿在手中转开了心思，他知道，报复海成的机会来了。他要大开杀戒了。红烛摇曳的火苗下，和珅仔细审读《字贯》一书，终于在《字贯》序文后"凡例"中看到圣祖、世宗的庙讳及乾隆的御名字样。和珅将其一个个列出来，加上欲加之罪，立即向乾隆呈递了奏折。乾隆一听，书中竟然对皇帝的名字不加避讳，竟有如此大逆不道之语，很是震怒。一场腥风血雨不可避免。乾隆下令把王锡侯处斩，全家二十一人连坐，并痛斥海成办事不力，革去他的职务交刑部治罪。

和珅就是这样，制造了一场满地血迹的文字狱，轻而易举地就把轻慢、侮辱自己的海成送上了断头台。

和珅为了保住既得的位置，经常制造文字狱，且常常得手，置政敌于不得翻身之境地，蒙在鼓里的政敌，尽管瘦骨干净，灵魂滚烫，也不得不生活在和珅的阴影里。在浮沉的命运里，盼望着那扇属于自己的门，豁然敞开，以看到一线光亮。那孤独让人心碎。

　　嘉庆继位后，除掉和珅的想法日益强烈。他在随侍太上皇、虚应和珅的同时，也暗中周旋于和珅党羽之间，并在私下培植自己的亲信。

　　嘉庆知道，能帮助他除掉和珅的最佳人选，是自己的老师朱珪。

　　朱珪，字石君，嘉庆亲热地称他为石君先生。朱珪年少时跟随大学士朱轼学习，十九岁登进士，受到乾隆的赏识。后升为侍讲学士，入值上书房，成为嘉庆的老师，自此受到颙琰的器重。

　　颙琰即位时，朱珪正任两广总督，嘉庆想把他调到身边，无奈用人之权操在太上皇手里。

　　那是海棠花盛开的季节，隔着密集的绿叶，嘉庆望着满庭的苍郁艳丽，正与远处的宫墙和案头彩墨手卷相辉映。他想了想走出门去，沿着曲曲折折的宫中甬道，信步走去，去拜见太上皇乾隆，道：儿整日班随父皇身边，耳提面命，对国之大事也略知一二，每天耳濡目染，也学会了许多。因我朝文典极盛，全凭父皇嘉佑倡导，儿想随师傅学习古体诗和古文，请父皇定夺。

　　帝师朱珪最擅长古体诗和古文，嘉庆又不便直接说出朱珪的名字，才这样说。

　　乾隆听了儿子的话，觉得很有道理，极为赞赏，表示国家的事由朕来处理好了，你就多学点知识。本朝最擅长古体诗的人是朱珪，他以前又是你的老师，可以让朱珪来教你。

　　嘉庆一听，自己的目的已经达到，就谢别了父皇，旋即给朱珪写了一封贺信。

　　太上皇乾隆把和珅找来，让他去办理拜朱珪为大学士事宜。

　　和珅的震惊可想而知，他灵敏地嗅出了危险。朱珪是他的政敌，又是嗣皇的老师，皇帝想把他调来，还会有他的好日子过吗？

　　和珅的眼珠子转了转，便有了主意。他拿出嘉庆帝写给朱珪的贺诗，指着其中的几句说，嗣皇帝与朱珪关系不一般，有互相邀誉之处，嘉庆向他的老师示恩。乾隆拿过嘉庆的诗，仔细阅看，当他看到"文笔超韩柳，诗才贯道禅，尊师敬独尊"几句时，不免大怒，将朱珪交刑部处理。

和珅见目的达到了，正要传达谕旨，将政敌朱珪交刑部处理，偏巧东阁大学士董浩进来。乾隆知道董浩曾主持过刑部多年，对律例十分清楚，问他如何处理朱珪和嘉庆。董浩见和珅鬼头鬼脑的，心里极其反感，想必又是他在兴风作浪，就说嗣皇帝并无过分的言论，没有示恩之嫌。乾隆听了这话，考虑了很久，觉得嘉庆受禅不久，不宜将事情闹大，只好叫董浩好好地替自己教导嗣皇帝。

和珅恨董浩恨得心里淌血，为了阻止朱珪来京，对太上皇说，朱珪以前是嗣皇帝老师，他的古体诗嗣皇帝已学不少，现在嗣皇帝刚荣登宝座，让其师傅入阁，似乎不太方便。

自嘉庆继位，乾隆一直担心大权旁落。和珅狠毒的一招，点中了乾隆的痛处。于是，乾隆下旨朱珪不必来京，从两广总督降为安徽巡抚试用。

之后，和珅还不算完，他把自己的心腹吴省兰安插在嘉庆身边，说是帮助嗣皇帝抄录诗草，实为监视嘉庆。

有因必有果，和珅利用文字狱打击政敌，将一层层的命运之网罩在蒙在鼓里的政敌身上，嘉庆对他的恨，也升级为生死之敌。

和珅的文字狱是针对政敌的，不管是谁，只要阻拦了和珅，必被欲加罪名。

乾隆四十五年（1780 年）十月，和珅受命担任编辑《四库全书》的正总裁。当他迎着秋风站立，得意之情溢于言表，踌躇满志地开始尽职，却也为讨好皇帝大兴文字狱，学者受尽了他的打击和倾轧。著名学者孙星衍性格"耿介自持，不随流俗"，素不喜倾倒权贵。当许多"英俊之士，多屈收和门"时，孙星衍却从不与和珅往来，致使和珅与之衔恨，总想找机会陷害他。

孙星衍散馆时，试《厉志赋》，引用了《史记·鲁世家》中的章句。和珅不认识其中一些字，就认为孙星衍写了错别字，严加指责，并把孙星衍"抑置二等，以部员（部主事）改用"。此时和珅正兼管翰林院，他曾几次邀请孙星衍面谈，但均被孙拒绝，并说："天子命何官不可为，某男子不受人惠也，卒不往。"和珅怀恨在心，找了个由头把孙星衍降

为刑部直隶司主事。

和珅在任编纂官书的正总裁和总裁时，还经常翻阅书稿，喜好挑拣别人的讹误之处、错别字和编撰不当的地方，然后呈给乾隆阅看，并趁机打击有才华的人，树立自己的形象。如为了编修《四库全书》，纪昀、陆费墀等曾多次受到斥责、降级或赔款，而陆费墀等人几乎被弄得倾家荡产、家破人亡。

和珅利用文字狱，打击政敌，诛锄异己，把许多学者文人推向风口浪尖，造成了不可挽回的痛苦和灾难，惨烈而令人战栗。

打击逆我者

诛锄异己，应该说是和珅在官场上左右逢源的伎俩，他的字典里只有八个字：顺我者昌，逆我者亡。不管是谁，哪怕是嘉庆皇帝碍着了他的脚步，他也会想方设法地诛除之，结怨福康安就是其中一例。

福康安的父亲傅恒是乾隆帝的第一个皇后——孝贤皇后的弟弟。傅恒历任总管内务府大臣、户部尚书、汇典馆总裁、保和殿大学士兼首席军机大臣，封一等公。傅恒战功赫赫，是乾隆倚重的重臣。

福康安是傅恒的第三个儿子，从小地位尊贵。福康安从侍卫做起，历任户部尚书、军机大臣，袭父封三等公。曾跟随名将阿桂出兵金川等地，军功卓著，封一等嘉勇公，并获"嘉勇巴图鲁"称号，被授予三眼顶戴花翎，清朝近300年的历史中，只有7人得此殊荣。

福康安屡立战功，是乾隆皇帝极为信任和器重的大臣，相比之下，和珅寸功未建，却得以平步青云，福康安心不平，注定是瞧不起他的。

当福康安又一次因军功受到乾隆帝的封赏时，和珅就想巴结他，结交权贵，巩固自身地位。退朝后，和珅谦恭地站在金殿门口等福康安出来，眼看着福安康慢条斯理地迈着方步走出来，和珅向前一步行了一礼，笑容可掬，口吐莲花：恭喜大帅又得封赏，大帅真乃国之栋梁，鄙人仰慕大帅已久。接着，恭请福康安去他家做客。一边说着蓬荜生辉、不胜荣幸之类的话，一边观察福康安的表情。

福康安对和珅的德行一向看不惯，根本不屑与之为伍，就冷冰冰地拒绝了他。和珅愣在那里，望着扬长而去的福康安，耳畔回响着他的话语，"和大人贵为大学士，怎敢受你的大礼？素闻贵府富丽堂皇，我恐怕无福消受，实在是高攀不起，拜访一事，以后再说吧。"和珅心里的恨一点一点滋长。怎奈羽毛未丰不好得罪福康安。他咬了咬牙，恨恨地跺了下脚，忍下了这口气。

和珅担任崇文门税务监督的时候，向来往官员收取税金，行为猖獗。

那一日，崇文门税关口拦住了进京朝见皇帝的山东布政使陆中丞，凑不齐税金，就别想过关。陆中丞尴尬无奈中，把随身行李都放在京城之外，只带一名侍从进了城。陆中丞狼狈进城后，借了衣服、被褥才得以住下。

好事不出门，坏事传千里。崇文门关税过高，和珅雁过拔毛，朝廷命官、堂堂一省的布政使衣服扔了才能进城，成何体统？和珅正受宠，谁敢议论？

福康安得知此事后，非常气愤。他想地方官员俸禄本来就微薄，大老远地来到京城，还要受盘剥，长此以往，官场风气恐怕将越来越差。他连夜写了奏折上交乾隆帝，请求减少崇文门税率，免收官员过往税金。

乾隆知道福康安所奏属实，却没责怪和珅。因为崇文门收税也是经过他同意的。

和珅并没有损失什么，心里却越加记恨起福康安来了。面对有权有势的福康安，他采取继续隐忍、寻机报复的策略。

很快，机会来了，和珅的报复狠如蛇蝎，且滴水不漏，整惨了福康安。

乾隆五十四年（1789 年）七月，天气酷热难耐，福康安的老部下李天培从湖北进京述职，考虑福康安正在安南带兵打仗，家中翻盖老宅，想给他带些上等的木料，使用了朝廷专门用来调运官粮进京的漕船。谁知加了一趟运木材的船，竟使航道堵塞难行。说来凑巧，这事恰被湖广道御史和琳知道了。作为监督官员，和琳不知如何处理。追究

吧？这可是假公济私的大罪，按照大清律法，难免要牵扯到福康安，如果福康安不知情还好说，如果知情，二人都要被严惩。况且当时这种假公济私的情况非常普遍，李天培也没造成太严重的后果，是可以睁一只眼闭一只眼的，再说，因此事而弹劾李天培，害怕得罪其背后的福康安，以后在官场难混。但若要装作不知道而被别人发现，向皇帝告发了的话，自己也难以承担罪责。犹豫不决的和琳决定与在朝中的兄长和珅商量。

那时，和珅正无聊地望着窗外碧蓝的天空想心事，一听立即精神振奋起来，他把目光从一只飞翔的鸟儿身上收回来，感觉老天送给他一个整治福康安的绝好机会。正好，乾隆要整顿吏治。何不趁此机会，狠狠打击一下福康安？而且自己也不会有任何损失。他的脑筋开始飞速旋转，只弹劾李天培，对福康安只字不提，钦差大臣肯定继续追查，牵连到福康安是早晚的事，这件事做得巧，就与自己及弟弟和琳没有任何关系，关键是查案人，如何做通查案人的工作呢？

和珅的脑筋一刻不停地转动，终于，他有办法了。

和珅立即授意和琳，向乾隆帝上奏折，弹劾李天培私自动用漕运船只、假公济私。

乾隆接到奏折，大为震怒，就命令阿桂彻查此事。

阿桂身为钦差大臣，接受这个案子，一眼就看明白了这是和珅在向福康安示威，决定大事化小小事化了。他禀奏皇帝说："李天培擅用官船，理应受罚，但河道拥塞、航道迟滞，并非出于他的本意；买木材是福康安委托，但是私自动用官船是李天培的个人决定，福康安并不知情，臣以为应该治李天培的罪，与福康安无关。"

和珅听了，心里明白这是阿桂为福康安求情。和珅心里冷笑，嘴上说道："李天培假公济私，实属大罪，皇上应该严加惩治，否则就是纵容，恐怕其他官员仿效。"

乾隆早就想整饬吏治，听和珅这么一说，遂决心把案子办成铁案，以儆效尤。他下圣旨严惩，着令重新判决："湖北按察使李天培，假公济私，致使航道阻塞，后果严重，革除一切职务，发配伊犁；福康安对

部下约束不严、纵容部下，难辞其咎，念其作战有功，判决革职留任，扣罚总督养廉银三年、俸禄十年。"阿桂作为钦差大臣，有意包庇，也受到了乾隆严厉的斥责和处罚。

福康安为人正直，战功显赫，常年在外作战，却不明就里地被和珅整治打击和排挤。呜呼！

和珅打击异己绝不手软，且手段高超。他的心被仇恨填满，有乾隆皇上撑腰，在与政敌的角逐中，他始终占着上风。惨败的政敌们也只有凄苦的哽咽和热泪滚涌，当他们踉跄着脚步回首庄严的紫禁城的时候，似乎看见了一地的血痕。

和珅当官一向奉行"顺我者昌，逆我者亡"的信条，对政敌和异己无情打击，毫不手软。

和珅为了讨好乾隆，日夜琢磨如何弄到白银供皇上挥霍？他想到了设立议罪银制度。即犯罪的官员，交纳银两来代替惩罚，只要交了银子，高官依旧坐，骏马仍然骑。乾隆对此极为欣赏，和珅也从中捞到了油水。但他万万没想到竟有人敢对此提出异议。

这个人就是内阁学士尹壮图。

尹壮图早就对和珅改革朝政的这项制度有看法，加之实施这项制度对朝廷带来的弊端实在太大，就在乾隆五十五年（1790年），直言上疏皇帝废除议罪银制度。这下可捅了马蜂窝，得罪了和珅就等于得罪了皇上，那还了得？为此，尹壮图差点跌进万劫不复的深渊。

据《清史稿》记载："高宗季年，督抚坐谴，或令缴罚项贷罪，壮图，以为非政体，五十五年上疏言：'督抚自蹈愆尤，圣恩不即罢斥，罚银若千万充公，亦有督抚自请认罚，若千万者，在桀骜者借口以其饕餮之私，即清廉者不得不望属员之倾助，日后遇有亏空营私重案，不容不曲为庇护，是罚银虽严，不惟无以动其愧惧之心，且潜望玩具之愈，请永停此例，奴才具平常者，或即罢斥，或用亲职，毋须再膺外任。'"

尹壮图上疏道："各省督抚大员犯了过失之后，蒙皇恩浩荡，不立即革去他们的官职，只罚他们若干银两，以示惩罚，也有一些官员自愿交纳罚金，对于那些多行不法的官员来说，这无异于为他们的行为找到

了借口，他们可以肆无忌惮地继续胡作非为。即使那些清正的官员，因为得到了下属交纳的银两，如果遇到有府库亏空等案件，也不得不为下属包庇恶行。所以，罚银的制度虽然很严格，却非但不能令官员们羞愧，反而容易滋生他们的不轨之心，请求皇上永远废除这一制度。"

乾隆接到奏折后，大为不悦，下诏书说："壮图既为此奏，自必确有见闻，今指实覆奏。"

据《清史稿》记载，尹壮图在回复上谕的奏折中如此写道："各督抚声名狼藉，吏治废弛。臣经过地方，体察官吏贤否，商民皆蹙额兴叹，各省风气，大抵皆然，请旨简派满洲大臣同往各省查望。"

尹壮图正直，遇事不会拐弯，对官场的潜规则一窍不通。他的这个复奏，矛头直指整个官僚集团，打击面太大了。

乾隆皇帝的恼火可想而知。和珅更是愤恨不已。

和珅对乾隆说："不能任由他随意查访。"乾隆便下令尹壮图每查一地之前，要用快马通知地方的官员。他哪里知道，这样，和珅就高枕无忧了。他望着南飞的大雁，心想府库亏空的府县，接到尹壮图前来调查的通知，哪个不想办法搪塞过去？精明的和珅还是不敢大意，他观察着乾隆的表情，小心地推荐他的同党庆成陪同尹壮图前去查访，当得到乾隆的同意，下诏命尹壮图与庆成一起去各省调查府库，必须五百里快马通知各地，以免地方惊慌；二人必须尊重地方上的官员，不得以钦差的身份压人，尹壮图要听从庆成的安排，助庆成行事。

和珅听着太监诵诗一样地读着乾隆的圣旨，他心里的石头落地了。

尹壮图哪里知道，一张密密实实的网，已经将他严严实实地罩住。

他挣不破也逃不出。

和珅织好了网。他一向行事缜密，打击倾轧异己更是谨慎。在一个月黑风高的夜晚，他秘密召见了庆成，要他严格控制尹壮图的行动，不让他与地方官接触，以免横生事端。

被蒙在鼓里的尹壮图和庆成一行先到山西大同，他哪里知道，他已经一脚迈进了和珅设计好的陷阱里。

和珅的舅舅明保任大同知府。贪婪无度的他，接到和珅的密报后，

迅速调集户部钢厂、锡厂里的白银，补充到大同的官库之中，尹壮图看见整整齐齐不缺分毫的库银，听着明保的恭维之词，吃着明保为他准备的粗茶淡饭，甚是钦佩。夜晚，明保将尹壮图送回驿馆休息，把庆成邀到家中，以豪宴盛情款待，灯红酒绿，宴饮无度。两个人边吃边嘲笑尹壮图。

尹壮图查验府库一无所获。

尹、庆一行继续前行，所到之地，当地的官员对庆成热情接待，有说有笑，根本不理睬尹壮图，冷落他倒也罢了，每当夜幕降临，就请庆成前去赴宴，把尹壮图一人扔在驿馆，连饭都没人管，让尹壮图不堪忍受。渐渐的尹壮图明白了和珅的意图，气愤填膺，又能如何？他望着天空中飞翔着的苍鹰，长叹不已。调查什么也没有发现，如何向皇上交代？无奈给圣上写奏折，请求结束调查回京请罪。

乾隆多次下旨，历数尹壮图的奏折乃是："希荣卑鄙，饰词谎奏。"

据史书记载："乾隆案谕壮图，问途中见商民蹙额兴叹状否，壮图覆奏，言目见商民乐业，绝无蹙额兴叹情事。"

尹壮图回京后，就被以"挟诈欺公，妄生异议律"关进了大狱，判处砍刑。后来，乾隆格外开恩，不治其罪，并以内阁侍读革职留任，后又将尹壮图升为礼部主事。

不久，尹壮图闲置家中，那伤心和无奈，可想而知。

和珅遇事生风，整惨了异己尹壮图。他自己却结党营私，任意而为，逍遥法外，尽情地处置和驾驭朝廷大小事情，活得逍遥自在。

毒酒杀异己

当和珅在朝中的权势越来越大，在阳光下浮现出来的，完全是一副谦恭掩盖下的阴险毒辣、机关算尽的阴谋者的面孔。

毒酒杀异己，血淋淋的一幕，让我们看到了和珅的另一面和蛇蝎心肠。

乾隆四十六年（1781 年），二十多岁的福崧跟随阿桂出征，在一

次战斗中，敌人的火枪把福崧帽子上的花翎打落下来，他毫不惧怕，不退却，身先士卒，冲锋在前。战斗胜利结束后，阿桂对他的英勇给予表彰。

乾隆五十五年（1790年），阿桂举荐他做了浙江巡抚。

福崧为人正直，做事果断明确、毫不含糊，下属都十分敬畏他。

此时的和珅，深受乾隆宠信，权倾朝野。外地的督抚大员每年回京述职，都要带着重礼前去拜会。唯福崧看不惯和珅的贪得无厌，不愿与其同流合污，回京从不登门拜访，和珅认为福崧在公然挑战自己的权威，怀恨在心。他要求自己在浙江的耳目密切注意福崧的动向，寻机报复。

和珅终于等来了机会。

那是一个闷热的下午，一匹快马冲进了北京城，街上的人们露出惊愕的表情，不知发生了什么事情。飞骑跑到和珅府前停了下来，一场阴谋拉开了序幕。

原来，和珅的亲信两淮盐政全德，派人骑快马送给和珅一封密信，报告了浙江的一件事情。从此，福崧的厄运开始了。

一个偶然的机会，全德发现两淮盐运使柴桢挪用了两淮课银22万两，悄悄调查后发现牵连了很多人。柴桢本是浙江盐道，升任为两淮盐运使。离职前，库存亏空22万两银子，他请求福崧先去扬州就职，随后补齐亏空的银两，福崧答应了。

柴桢到扬州就任后，不到五个月就筹措了22万两银子，送回浙江补足了亏空。全德暗自打探，原来，柴桢私自截留挪用了商人王履泰等五人缴纳的钱粮款。全德又暗查了盐道的旧档，发现柴桢"馈福公金一千两"的记录，才明白户部尚书福长安和柴桢的关系非同一般，此案涉及朝中一品大员，他不敢做主，立刻派人请示和珅怎么办。

和珅见同党福长安遇到了大麻烦，马上来福长安的府上商议对策。福长安大惊失色，承认了柴桢向自己行贿的事实，请求和珅想办法救自己。

和珅眯起眼睛，略一思索，附耳福长安，找个替罪羊，以绝后患，

把一切罪过都推到福崧身上。福崧卖给柴桢那么大的人情，那可是22万两银子的亏空，要让所有人知道那是送给福崧的厚礼。把记录中的"福公"理解为福崧也是很正常的事。

和珅之所以这么做，就是要趁此机会打击福崧，杀鸡给猴看。

和珅和福长安暗地里密谋，将福长安与柴桢的关系剥离干净。和珅给全德写了一封回信，吩咐他马上写奏折，弹劾柴桢挪用公款，导致府库亏空，并弹劾福崧监管不严、收受贿赂之罪。全德的奏折很快被送到了军机处，马上就到了乾隆手里，和珅趁机报告了柴桢的"馈福公金一千两"是贿赂福崧。建议派得力的大臣，调查此事。乾隆点头，征求和珅的意见，派兵部尚书庆桂赴浙江调查此案。乾隆哪里知道，庆桂早就是和珅的死党，两个人狼狈为奸、沆瀣一气。

福崧在什么都不知道的情况下，便掉进了和珅的陷阱，他已万劫不复。

乾隆即刻下令，福崧、柴桢即日起停职，听候调查处理；派兵部尚书庆桂为钦差大臣，前往浙江查案。从这一刻起，福崧的命运，被和珅玩于股掌之中，要你死，等不到傍晚。

其实，大清国的最高权威乾隆又何尝不是被和珅玩于股掌之中？

和珅指示庆桂，打击的目标是福崧，而不是柴桢。对柴桢要软硬兼施，让他承认，亏空是福崧索贿、勒索，给福崧定成死罪，办成铁案。

庆桂到了浙江，从柴桢的幕僚、家人入手，暗示他们把责任推给上级福崧。柴桢的幕僚赵柄明白了庆桂的用意，诬陷亏空22万两银子，至少有一半是福崧索要的结果。供认柴桢到任浙江盐道后，福崧命令他代买玉器、朝珠等物品就花了9万余两白银，福崧只给了28000余两，其余的还有价值几千两银子的豹皮、狐皮褂筒等物。此外，柴桢的家人供称：福崧有一次进京，向柴桢索要300两白银；福崧孝敬母亲游玩，索要100两银子，柴桢的家人又私吞了100两银子。其余的亏空，有将近8万两银子是因为衙门的公事、杂事而花的，花费动辄不予报销，承办的官员包赔，柴桢只得从府库中拿出银两。除此之外，剩下的4万余两银子是柴桢自己私用了。

庆桂查处对福崧的这些指证，决定收网。

庆桂对案情了如指掌后，提审了福崧。福崧对受贿之罪供认不讳。

接着，庆桂单独提审柴桢，柴桢开始就承认是送福长安的厚礼。庆桂怎么会要这样的结果？

他拐弯抹角地暗示柴桢：福长安大人怎么会与他这种猪狗不如、贪财如命的地方官有交往？又警告他不要恶意栽赃。如果承认受贿的是福崧，尚有活命的机会；否则，柴桢难免脑袋搬家，并株连九族。柴桢恍然大悟，原来他们是冲着福崧去的。既然不能自保，也就顾不得那么多了，只得按照庆桂的意思做了供词。

按照大清律例，福崧、柴桢只是按照官场规则收礼送礼，不算是好财贪污，有的行为是事出无奈，实为官场来往所必需，虽罪责难逃，但罪不至死。

和珅在他那间豪华的书房里来回踱步，如何将福崧置于死地而后快？和珅想来想去，终于想出更损的招——让庆桂改动案卷。于是，呈报朝廷的奏折中的案情结论就完全变了：福崧蓄意包庇柴桢，并向柴桢索贿白银 11 万两、黄金 1000 两，全部私用。按照这个数额，建议判处斩立决。

消息传出后，京城哗然，大多数官员都不敢相信福崧会做出这样的事情。可无奈阿桂已死，和珅一手遮天，福崧的命恐怕岌岌可危了。

乾隆看到奏折，脸色大变，他没想到案情这么严重。乾隆觉得福崧是阿桂举荐的人才，作战勇敢，屡立军功，不可随意处死。于是，下旨将福崧押解回京，由刑部详加审问。

乾隆的决定，吓掉了福长安的魂儿。要知道，朝廷的刑部，可没有浙江容易摆平。万一柴桢把自己牵连进来，岂不是死罪？他赶紧同和珅商量对策。

福长安一进和珅的府上，看见他正气定神闲地斗鹦鹉玩。和珅告诉他只要福崧还没进京，一切都还有回旋的余地。

和珅吩咐钦差大臣庆桂写一封奏折，快马送到京城，呈交皇上，捏造事实说福崧一路上不但不反省，反而口出狂言，对皇帝大不敬，趁机

蛊惑人心，随行官员都很愤怒，建议斩立决。

乾隆看到奏折，生气是肯定的，和珅巧舌如簧，昧着良心说福崧居功自傲，尤其是阿桂和福康安两位将军去世后，福崧目空一切，轻慢同僚。皇上经常劝导朝廷大臣要团结一致，想不到这个福崧如此不懂感恩，如今自己犯下大错，不但不知悔改，在钦差大臣的审讯中，还敢说出对皇上不敬的话来，就算阿桂老将军在世，恐怕也不会饶恕他。

乾隆盛怒之下传旨，命庆桂就地处斩福崧。考虑到福崧屡立战功，恩赐他就地自尽。

和珅的目的终于达到了。

当庆桂押着福崧到了山东沂州的红花铺，接到了和珅传来的皇上的圣旨，他心里轻松下来，之前的担心消失得无影无踪。

福崧明白，自己深陷囹圄，都是和珅的阴谋。如能回京受审，在皇上面前把事情说清楚，揭发和珅在地方大员身上勒索、敲诈、贪污的种种罪行，请求皇上主持公道，相信皇上一定可以明辨是非，铲除奸臣。但当他听到皇上在圣旨中"途中恩赐自尽"几个字时，彻底惊呆了，大喊冤枉。可无奈的是，一切都已无济于事了。

福崧难逃一死。

福崧坚决不肯就范，庆桂勾结山东巡抚吉庆，请福崧赴宴，席间，吉庆谎说他敬重福崧战功赫赫，如今虽然是戴罪之身，但既然路过自己的辖区，就给钦差大人求了个情，让他在山东休息几天，吃喝、住宿都由山东府库出钱。吉庆还表示在此期间要给皇上上个折子，希望皇上开恩，改变主意，容福崧进京面陈圣上，以查清事实真相，还福崧一个清白。福崧相信了吉庆，和他一起喝酒，结果中毒身亡。

可惜浙江巡抚福崧为人正直，豪爽不羁。仅仅是不愿与和珅结交，得罪了和珅，就被鸩杀了。

《梁书·止足列传·陶季直传》："齐武帝崩，明帝作相，诛锄异己，季直不能阿意，明帝颇忌之，乃出为辅国长史、北海太守。"和珅诛锄异己，消灭和清除在政治上反对自己或与自己意见不合的人，不用刀，却一地血迹，其所作所为，令人发指。

第六章　结党营私，灵魂在权力生态中蜕变和沉沦

货财行于国，则法令毁于官；请谒得于上，则党与成于下；乡官毋法制，百姓群徒不从。

——《管子·八观》

　　和珅在官场上如鱼得水，得益于网罗亲信，钩心斗角，溜须拍马。

　　他周旋官场二十多年，越来越沉醉于编织关系网，控制科举，收受贿赂，轻易断送学子的前程，将老师变门徒，甚至为了拉拢死党，不惜把心爱的小妾送人，搞得清廷乌烟瘴气。

　　和珅的灵魂肮脏，到了无以复加的地步，他的心灵早已在微妙复杂的权力生态中蜕变和沉沦。他的教训，值得人反思。

编织关系网

权力之糖，让多少人为之折腰？官场争斗，让多少冤魂死不瞑目？

和珅周旋于官场二十多年，一人之下万人之上，他凭的是什么？

答案很简单，他熟谙官场潜规则。他深知，得到皇上的宠信就有了靠山，只有建立自己的四梁八柱，他才能在朝中站稳脚跟。他官至大学士和军机大臣，管着吏部、刑部、户部等多个衙门，掌握着用人、理财、施刑和外交等大权，常遇政敌却都能遇险化夷。

为官在世，在清廷的官场上没有自己靠得住的人，是不可以的。这是和珅做官的经验。

结党营私是历史上做官的大忌讳，却是战胜政敌的法宝。和珅在官场上周旋，一边倾轧异己，一边培植、安插自己的亲信，做得风生水起，谁能奈他何？

和珅得到乾隆的宠信，官职火箭式飞升，许多战功显赫、政绩突出的人不服气，和同僚共事，难免发生这样那样的矛盾，致使和珅尴尬和难以下台。惨烈的官场斗争中，和珅岂能坐以待毙？站稳脚跟，培植自己人，就成了他的第一要务。

经过长期观察，他的眼睛瞄上了福长安。

福长安是福康安的弟弟。和珅把他拉入自己人之列，就等于攀上了福康安。

当和珅如愿以偿地做了军机大臣后，就极力推荐福长安担任"军机处学习行走"，即"见学"军机大臣的职务，后来又力荐其兼任了户部尚书。福长安呢？他聪明伶俐，对和珅知恩图报，在重大问题上，始终同和珅站在一条战线上。两个人狼狈为奸、沆瀣一气，做了不少为非作歹的事情。

福长安是和珅的第二大亲信，初入官场时，仅为小侍卫。与性格耿直的哥哥福康安不同，福长安机灵且善于拍马逢迎，很快升为正红旗副都统兼管内务府事。

做官之初，福长安想凭自己的努力赢得乾隆的青睐。不久，他发现自己刚想到该如何讨好皇上时，和珅却已经先于自己那样做了，尽管自

己百分之百的努力，还是事事都落在和珅后面。他怎能服气？

权力如喝血，越喝越渴。福长安暗暗与和珅较量，他知道，那不是个性的冲突，而是命运的冲突。谁高谁低？是要经过较量的。屡屡争宠，屡屡失败。那些黑暗的夜晚，充斥着福康安的是失望、迷茫和焦躁的情绪。

经过漫长黑夜的折磨和思虑，福长安掉转头来，义无反顾地投入和珅的麾下，甘愿跟随和珅。

这样的转变让和珅很受用，他见福长安成长经历与自己相似，头脑机智灵活，对自己的意图领会极快，就极力拉拢、培植他。经过一段时间的磨合，两人终于沆瀣一气，勾结在一起。和珅适时地向乾隆启奏让福长安在军机处行走，一起对付以阿桂为首的政敌。

其实，福长安出身高贵，有一点骨气都不会与和珅为伍。

福长安的父亲傅恒是前朝重臣，又是乾隆皇帝的侄子，兄弟几个都是朝廷高官，其妻也是皇族，满朝文武都要让他三分。他为什么死心塌地地追随和珅，甘愿跟班打杂呢？

世上的事情，都是不以个人意志为转移的。福长安低眉折腰于和珅是为了什么？是奴才本性所致？还是他本来就同和珅是一路人？这些虽然是原因，但更重要的恐怕还是欲望，是对权力的欲望，那是一种深入骨髓的往上爬的需要。在这种需要的挤压下，福长安没有理由不巴结和珅，他是不择手段的。

福长安的心是空的，没有正义和良心，更没有天下道义，他走不出和珅的"恩典"和笼络亲信的那张密实的网。

据清史记载，嘉庆帝很看重福长安的出身，希望把他从和珅阵营中争取过来，但他却对和珅忠心耿耿，不肯提供和珅的罪行。为此，嘉庆对他痛恨万分，亲政后，治了他的罪。

假如说，和珅的命运是过山车，那么福长安就跟从着他冲上峰巅又冲下谷底。

也许，有人会问，福长安临死前，是否认识到了自身的无耻？

如果和琳和福长安是和珅的左右手，那么，苏凌阿就是和珅的死党。

苏凌阿是满洲正白旗人，和珅权势盖天，他的心很痒，便主动巴结和珅，与和珅联姻，成为和珅的儿女亲家，和珅对其万分照顾。阿桂去世后，为了便于专权，和珅便推荐他为东阁大学士，同值军机处。入阁时，苏凌阿已七十余岁，老态龙钟，两目昏花，甚至不能分辨亲友，举动都要靠人扶掖。这样一个昏庸无能、贪婪成性的老朽不堪的人，却位至相国。这世上还有讲理的地方吗？

苏凌阿任两江总督时，办事无能，且营私舞弊，几近无耻。

那么，和珅为什么使用这样一个人？他究竟需要他为自己做什么？

答案很是意外，和珅之所以重用老朽昏庸的苏凌阿，就是要告诉世人，他只是通过苏凌阿向人们表明，只要忠顺自己，好处就说不完，要权力有权力，要金钱有金钱，至于国家利益，就顾不上了。

和珅的另一死党是永贵之子伊江阿。永贵曾弹劾过和珅，可其子伊江阿却对和珅死心塌地，背着父亲为他通风报信。

嘉庆二年（1797年），和珅写了一首附和伊江阿的诗《和东巡伊（江阿）中丞喜雨无韵》，可见二人关系非同一般。诗曰：

旧雨情殷阅岁更，喜群莅业休舆情。

随车甘澍天心愿，载道证思众志明。

勉励风载征吏隋，倍饶清介厚民生。

阅赓佳作无多嘱，愿听齐东起公声。

嘉庆四年（1799年），乾隆病逝，伊江阿写信慰问和珅而不唁嘉庆，可见对和珅一片忠心。嘉庆曾就此事发表了看法："本日伊江阿由驿递到奏折，有寄和珅节哀办事等语，而于朕遭罹大故，并无一字提及，即以常情而论，寄书唁问，自当以慰唁人子为重。在伊江阿于和珅再三劝以节哀，而于朕躬反照常，具一请安之折，转将寻常地方事件承奏，不知是何居心。昨吴熊光一闻皇考升遐之信，即专折沥陈哀恸，敦劝朕躬，情间真切，似此方合君臣之义。吴熊光系汉人，又只系布政使，尚有良心。伊江阿身为满人，现任巡抚，又系大学士永贵之子，且曾在军机处行走，非不晓者可比，乃竟如此心有漠视，转于和珅慰问殷

勤。可见伊江阿平日不知有皇考，今日复不知有朕，唯知有和珅一人，负恩昧良，莫此为甚。"

和珅的忠实党羽还有国泰。为了拉拢国泰，和珅不惜把自己的小妾纳兰送给他，国泰也忠实地追随和珅。

和珅的另一党羽是景安，其父乃兵部郎中森布，是和珅的族孙。乾隆六十年（1795 年），由于和珅帮助，迁河南巡抚，他"附和珅，懵懵军事"，在镇压白莲教起义时，景安对和珅"平日趋奉阿附，每于奏报之便，附寄信件。禀承指使，以为有所倚恃，既不能实力办贼，又不能加意抚民"，甚至屠杀难民，冒领军功。

此外，明保、吴省钦、吴省兰、征瑞、湛露等人皆是和珅死党，其余还有一大批趋炎附势之人。

和珅密织关系网，怎能不权势熏天呢？

编织关系网，结党营私，专横跋扈，大概也是和珅立于官场不败之地的重要原因。

自从一脚迈进官场，和珅一天都离不开一个官字，如同贾宝玉离不开通灵宝玉一样。他时时刻刻利用高官厚爵来驾驭臣下，这是他结党营私的法宝。

和珅久经官场考验，深知如何把握封官的时机，选择封官的对象，安排官职的大小等专门的学问。他怎么也没有想到，终于有一天，他骤然踏空了以往的生命，脖子钻进索命的白绫。

政治斗争归结到根本，仍然是实力的较量。精明专权的和珅岂能不明白军权的重要？

和珅在朝堂内外广泛培植亲信势力的同时，还把手伸进了军队，企图掌握军权。

和珅把持朝政时期，竟然可以打着乾隆的旗号，变革清朝前期成法、制度。如军机章京不设具体定额，而由军机大臣自己选用，不必向皇帝引见和禀告；大臣的奏章要一式两份，一份直送皇上，一份（副本）送军机处，其实就是送给他；"议罪银"制度的实施；规定御史出缺，一律提名六十岁以上的老臣充当等。

和珅之所以变革这些成法和制度，就是为了建立自己的关系网，巩固自身的特殊地位，同时钳制舆论。和珅的大手笔由此可见一斑。

朝鲜使者写道："阁老和珅，用事将二十年，威福由己，贪黩日甚，内而公卿，外而藩阃，皆出其门。纳赂谄附者，多得清要。中立不倚者，如非抵罪，亦必潦倒。"

由此可见，和珅躲在乾隆这把大伞下，为自己编织了密而结实的关系网，从而控制了官吏的言行。

清朝自雍正时期设军机处以来，凡用兵大事，皆由军机处秉承皇帝意旨直接指挥，兵部已无实权，都是虚职。当然，和珅相继兼任过总管内务府三旗官兵事务、八旗都统、兵部尚书等职，但兵部虽名为最高军事机关，实际上却是虚职。

和珅长期管理军机处，参与了乾隆中晚期许多重大军事行动的谋划，但他的军事才能却平庸无奇。军功武略离他十万八千里，唯一的一次军事指挥行动也以失败而告终。但他却不断地插手军队事务，千方百计地拉拢军队中的实权人物；他利用权力任用、提拔自己的亲信将领，他的举动正和那些位卑名微、在朝中寻找支柱的将领的想法一拍即合。

在和珅的努力下，朝廷上下的大部分官员相互纠结，形成了一个以和珅为纽带、环环相扣、紧密相连的巨大关系网络，这样，和珅稳坐钓鱼台，任何不利和珅的事情发生，他都能在第一时间知道，完全可以从容应对，化解危险。

和珅的结局是注定的，但他通过"结网"来固权的目的还是部分地达到了。就连他死后的各项财产的分割和处理，都牵连到很多人，以致嘉庆帝有意铲除他们，也要深思熟虑。仓促行事，就有可能使朝野震动，这是嘉庆帝不愿看到的。因为他不可能对朝廷的官员来一次大换血，大清江山的统治还要依靠这些官员，即便有所牵连，毕竟法不责众。可见和珅关系网，牵连之广、影响之深。

不管和珅怎样在军队培植自己的亲信，终将不能成事。当嘉庆皇帝对他动手时，他毫无所为，"控制上相，如缚庸奴"。

时光寂静无声，当和珅成为阶下囚的时候，心的脉络被理智所断，内心的冷静，退向冰雪冷僻的去处。

老师变门生

一日为师终身为父，这是中国几千年来尊师重教的一种文化，可谓侵入骨髓，就如同约定俗成的习惯，永远被人们奉行着。但世上的事情总有例外，大清国时代，老师吴省钦和吴省兰兄弟两人，为了巴结权倾朝野的学生和珅，竟然老师变门生，卑躬屈膝地拜倒在自己的学生门下。这事颇有些寡廉鲜耻，但当事人为了利益，哪还顾得上脸面和廉耻？

当和珅有了一人之下万人之上的地位，他就开始笼络人心，建立自己的关系网，恩威并施地培植自己的势力。

和珅在咸安宫官学上学的时候，认识了老师吴省钦。这位老师看上去文质彬彬，颇有修养，且精于诗文，著有《白华初稿》，以文学辞赋闻名。那个时候的和珅很敬重他，却不知他是个谄媚者，骨子里就是那种有奶就是娘的人。吴省钦其实已经很辉煌了，每逢国家举行盛大典礼，他进献的诗文，总是获得皇上的嘉奖，钤上玉玺，珍藏在内府中。他的官职也不低，历任内阁中书、翰林院侍读、上书房行走、光禄寺卿，贵州、广西、湖北、浙江、江西乡试正考官、会试同考官、顺天学政、顺天府府尹等，以及礼部、工部、吏部侍郎，督察院左都御史等要职。他的弟弟吴省兰，先考取咸安宫官学教习的职位，后升国子监助教。

吴省兰与和珅的舅舅伍弥乌逊是好友，两个人经常谈诗作对，友情甚笃。那一天，伍弥乌逊带着和珅来拜吴省兰为师，可以说，他是和珅的启蒙教师。阳光透过木格窗子照射进屋子，照在和珅那无邪的脸上，此时，他正跪在吴省兰面前，行弟子的礼节。和珅自幼聪慧，又肯刻苦，不到半年，进步巨大，他经常站在吴省兰面前，朗朗背诵他教习的课文。每当这时，吴省兰的眼前一亮，目光里，透露出发自内心的欣赏和喜爱。他看惯了八旗子弟提笼遛鸟、出入风月的纨绔子弟德行，万万没有想到，同样是八旗子弟的和珅竟然如此优秀，这让他格外重视这个爹娘早逝的孩子。

不久，和珅、和琳兄弟进了咸安宫官学读书，吴氏兄弟就是他们的老师。和珅兄弟二人生活困苦，却勤奋用功、节俭。和珅非凡的聪明才智，让他显得木秀于林非同一般。当和珅向吴省兰请教满族凭借骑射入朝为官的问题时，吴省兰就看出了他强烈的功名心，教导他马上可以得天下，却难以守天下，并列举商汤、周武的例子使他明白文治武功并用才是长治久安的办法。他语重心长地告诉和珅，大清自康熙帝以来，也开始推崇汉学，尊师重道，求贤若渴。作为八旗子弟，不仅要学好骑射之术，更要学习四书五经。和珅深受启发，暗暗下定决心，文武并进，为自己以后的发展奠定了牢固的基础。

那个时候的和珅，是个知道感恩的人，他虽然官运亨通，心里却一直记着吴氏兄弟给予他的教导，想着有机会可以报答吴氏兄弟，从另一个角度来说，帮助吴氏兄弟也是笼络他们支持自己。

世上的事情就是这样，人若是顺了，想啥来啥。和珅终于找到表达和拉拢吴家兄弟的机会。

有一年乡试，和珅恰好是阅卷官。他心满意足地坐在自己的书桌前，盘算着如何在这次机会中发现和培植自己人。窗外，一树海棠花开得正盛，隔着密集的绿叶，与远处的宫墙及案上彩墨手卷遥相呼应，他的心情顿时开朗。忽闻有人来访，还没来得及细想，就见一人已经跪倒在他的面前，开口就是弟子特地来拜见先生！和珅大吃一惊，细看，竟然是自己的老师吴省钦。

吴省钦的做法，是违背了封建社会的一日为师终身为父的文化习惯的，为了一己私利而如此，他的脸皮够厚。吴省钦虽满腹经纶，科举却屡试不中，流年依旧，迷茫，无奈，一日胜似一日，无时不在撞击着他的心，他也无时无刻不在觊觎着机会。这一次，自己的学生、官运亨通、权势日隆的和珅，竟然做了主阅官，这真是上天赐给自己的大好机会，哪还顾得上自己的身份面子？只要达到目的，叫什么又有什么关系呢？

那个场面一定是戏剧性的。和珅为官多年，脸皮经过风霜雪雨的洗礼，还是不解老师吴省钦的举动，何故对学生行此大礼？这个时候吴省钦脸皮比城墙还厚，摇唇鼓舌说了一番，诸如：和大人是主考官，按规矩，参加考试的都是学生，要称主考官做老师，这也是古已有之的传统了。我现在的确是您的门生啊！和珅心里别扭，扭动了几下，就应承了下来。他聪明的脑袋里，打起了如意算盘，位高权重，根基稳吗？像吴省钦这样有才学的人，如能做党羽支持自己，岂不更好？吴省钦的行为说明他的人品不好，但为自己出谋划策是没有问题的，各取所需，也没有什么不可以。

天下之大，无奇不有。

自古以来，一大怪事就这样发生了，吴省钦由和珅的老师变成了和珅的门生。真乃千古奇谈也。

乾隆出的考题，自以为特级保密性，他哪里知道，他最宠信的和珅通过太监得知内容后便透露给了吴省钦。吴省钦终于如愿以偿高中举人。吴省钦佩服和珅手眼通天的本事，对他死心塌地，拉着弟弟吴省兰一起成为和珅的党羽。吴家兄弟才学高，办事能力也强，帮和珅做了不少的事情，甚至打击自己的同乡曹锡宝这样阴损的事，也做得出来。吴家兄弟对和珅忠诚，和珅对其信任和提携，二人官路畅通，春风得意。

和珅和吴家兄弟狼狈为奸，成为大清朝乾隆时期的毒瘤和奇葩。

吴家兄弟在和珅的举荐下，有了参政的机会，更是小心翼翼，乘机表现自己。吴省钦多次主持乡试，了解考场舞弊成风的事实，他感到机会在向他招手，聪明的他写了份奏折上报乾隆帝，请求增加试卷用纸，避免携带作弊用的资料等建议，得到了乾隆的嘉许。

吴省兰的官运更加顺利，他先后担任四库全书馆的分校官、文渊阁的校理，并历任南书房行走、内阁学士、礼部、工部侍郎、浙江顺天学政、顺天乡试同考官、浙江乡试正考官、殿试读卷官、会试副考官等。他为官的才能和才学得到认可，和珅为了监控嘉庆帝，曾派他做嘉庆帝的陪读。嘉庆帝也不白给，明知他是和珅的探子，却韬光养晦，处处小心，根本不给吴省兰抓他把柄的机会。

和珅倒台后，吴氏兄弟受到牵累。嘉庆下令将吴省钦革职还乡。数年之后的一个冬天，寒风呼啸，雪花飘舞，吴省钦默默地死去。在闭上那双向上看的眼睛之前，一切都成为过眼烟云，他是否后悔自己为了往上爬，甘愿丢掉老师的身份，做自己学生的门生的丑行？吴省兰比哥哥吴省钦要幸运，嘉庆帝只是将他降职为编修，撤去学政、南书房行走等职。后因才学突出，官复原职。嘉庆帝不计前嫌，对他仍很器重，数月之后，还任命他为日讲起居注官，提督湖南学政。吴省兰为报嘉庆帝之恩，兢兢业业，对公务不敢有丝毫怠慢。他针砭时弊的建设性意见，颇得嘉庆信任。嘉庆九年（1804年），吴省兰因为年老体衰，荣归故里。

老师变门生这一闹剧至此才总算完结。

恩威并施策

和珅权倾朝野，哪能事必躬亲？如何让手下的人听他的话，牢牢地把他们控制在手中？他的办法是因人而异、恩威并施。

乾隆时期，江南有个名盛一时的大盐商，叫汪如龙，是两淮盐政征瑞手下的一个幕僚。征瑞曾在道台职位上被革职，他做梦都想重获官职，以重抖威风。他开始寻求机会和目标，在一个熏风微拂的日子，他趁着天黑，偷偷地给军机大臣和珅送去了几万两白银。和珅收了钱也卖力气，不久，征瑞就喜气洋洋地被乾隆任命为两淮盐政。盐政的职位是难得的肥缺，历届盐政都是富甲天下的官员，他怎能不欣喜若狂？由此，他对和珅的敬畏和忠诚又深了一层。

汪如龙得知征瑞上任两淮盐政，拜会巴结是必不可少的。在征瑞面前，他的智慧和谄媚起了作用，他的收税纳捐、追查走私漏税以及如何查假打非的敛财良策，深得征瑞赏识，招他为幕僚。这正是汪如龙期盼的。他圆滑狡诈、见风使舵的本事，使他的幕僚生涯风生水起。乾隆四十四年（1779年）第五次南巡之时，汪如龙亲自敦促大小盐商，捐出钱款、修建行宫、铺平道路、置办器物，征瑞不费吹灰之力，就讨得了乾隆的欢心，他自己也从中收获颇丰。他对汪如龙这个幕僚十分满

意。他哪里知道，汪如龙安忍如山，深藏如海，他早就觊觎两淮盐政的职位，正在运筹帷幄，借此机接近和珅，有一天取代征瑞。他谋划着弄到一匹名马，和征瑞一起奉献给和珅，这样便认识了这位如雷贯耳的当朝"二皇帝"。接着，汪如龙又思谋着送什么样的礼物能打动和珅，送金银恐怕不行，必须出奇弄巧。经过一段时间的思忖，他弄了一些名人字画给和珅，一下子打动和珅那根文化人的神经，他终于进入了和珅的视线，被和珅发展为自己的死党。

汪如龙狡猾，和珅比他更狡猾。狐狸再精也斗不过好猎手。

乾隆在江南时，汪如龙弄到一名江南美女，通过和珅进献给了乾隆。乾隆高兴，对和珅甚是满意和宠信。和珅是谁？精明过人，他看出了汪如龙的精明和野心，搞不好，他有一天上到了朝廷就会成为自己的威胁。和珅经过细密的思考，决定对他恩威并施，制服于他，以免后患。

那是一个阴天，黑重的乌云锅底一样地扣在天上，让人有点透不过气来。

和珅私下召见汪如龙。

汪如龙喜滋滋赶来见和珅，一进门，看见和珅坐在那里，表情威严，吓得他惶惶然，不知如何是好。和珅开始冷嘲热讽，严厉而威严。汪如龙躬身站立，大气不敢出，听着和珅的教训。当他听到和珅怒斥他："你可知罪！竟然成心让皇上沉溺女色，致使君王不朝，论罪当斩！"汪如龙吓得顿时脸色煞白，连忙双膝跪倒，谢罪不已，乞求网开一面。他看和珅无动于衷，就进一步表示他对和珅的敬仰和忠心。闻听此言，和珅觉得目的达到了，和颜悦色地看着惊魂未定的汪如龙。

汪如龙擦了一把脸上的汗，想自己足智多谋、行事圆滑，又富甲一方，却仍有伴君如伴虎的性命之忧，随时都可能招来杀身之祸。他抬起头，看见和珅稳坐在那里，端起青花瓷碗，啜了口茶，感觉如若能死心塌地地依附于他，日后的路才会平坦顺达。

汪如龙就这样心甘情愿地成了和珅的爪牙。和珅眯着眼睛看他的奴才相，知道到了抬举他的时候了，就找了个机会跟乾隆夸奖汪如龙举止不俗，精明强干，是大清国不可多得的人才。接着，和珅又奏两淮盐

政征瑞，虽然迎驾有功，却太过奢侈浪费，如不加以约束，天下群起效仿，竞相奢侈，于国于民都极为不利。乾隆是个极重名声的人，哪能背这个黑锅？就命和珅推荐两淮盐政的人选，和珅当然举荐汪如龙。

那天，阳光灿烂，微风和煦，汪如龙跪在自家院子里的青石板甬道上，听太监宣布乾隆诏书："天下士庶，官各敦本业，力屏浮华，是以特调征瑞以儆效尤。"汪如龙顿感自己一步登天，他的心，如同阳光灿烂无比。他认定一定是祖宗的坟上冒了青烟，自己才由一名盐商，平步青云，一步登上了两淮盐政之位。

汪如龙怎能不对和珅更加死心塌地？

和珅得到的好处更多，他贪婪的欲望，被汪如龙摆平填满，每年交二十万两银子，比征瑞多十万两银子，征瑞还能说什么呢？莫名其妙地丢了两淮盐政的官位，命运被和珅攥在手掌心里，不服气能怎么办？他是否长了记性，熟谙了官场的规则，懂得了只有巴结和珅才能发达的道理？

和珅恩威并施，笼络了一大批人，手段之高明，令人佩服。

小妾送死党

和珅的官职如火箭似地上升，在乾隆面前红得发紫，的确令人刮目相看，多人对其产生了畏惧感。世上的事情都是一分为二的，这是辩证法的铁律。有人敬畏就有人不屑。和珅的出身决定了他没有根基，很难在朝中有自己的势力，皇帝的宠信是暂时的，未必经得起朝中政治风雨的侵袭。这一点，和珅本人比谁都清醒。因此，于他而言，培植自己的势力，笼络人心，势在必行。

国泰，是一位纨绔子弟，表面上笨拙迟钝。

他久闻和珅大名。那一年端午节，乾隆在圆明园大宴外国使者，国泰结识了和珅。当相貌俊、风度翩翩的和珅出现在眼前，国泰的心不禁一动。和珅文雅的举止和不俗的谈吐，让他感受到了什么是与众不同。这次相识，也仅仅是认识了而已，并无深交。和珅对国泰的印象也不

错，透过国泰憨厚的外表，和珅敏锐地感觉到了此人精明到了极点，和珅拉拢他的想法油然而生。

要想得到一人心，就得投其所好。和珅望着窗外摇曳的海棠花树，思绪如雨。国泰累世家资殷实，金钱俗物恐怕打动不了他。如何让他甘愿俯首帖耳效忠自己呢？和珅反复思考。

和珅收复死党的目的有两个，一个是在政治上效忠他，另一个就是获得更多的财富和权力。这是他巩固在朝野中的地位不可或缺的，没有人比在宫墙内的和珅更懂得这样做的重要性的了。

和珅在寻机收服国泰。

苏凌阿的一个有意的安排终于让他如愿以偿。

当时，苏凌阿在江西饶广做道台，看到自己执政之地的穷山恶水，苏凌阿一刻都不想在此停留。回京的门路在哪里？他感觉自己像蛟龙困在了此地。他明白，要想让皇帝看到自己的政绩调进京做大官，简直就是痴人说梦。但他又不甘心就这样在江西了此一生。

那段日子，苏凌阿最痛苦，思维也最活跃。他苦苦寻找捷径。那一天，他坐在屋子里想入非非，突然眼前一亮，不能直接面圣，那借助皇帝身边的宠臣来达到目的，也是一条路啊。他的眼睛瞄准了和珅。

一个阴雨天，苏凌阿踏上回京城的漫漫之路，车马劳顿中，他望着不紧不慢的雨丝出神，雨丝却不知他的心事，倏然飘落。

在京的日子，苏凌阿先是接近和珅的弟弟和琳，不惜重金与和琳花天酒地，不久之后，如此亲密的二人已经称兄道弟了。终于，他要等的机会来了，和珅的儿子生日那天，他随和琳一起见到了和珅，奉上的贺礼是四千两银子。他看见贺礼堆里，自己的四千两银子是那样的不起眼，他知道，和珅根本没有记住自己。

权力之糖的魅力，是让人疯狂和无耻。苏凌阿为了达到目的，疯狂和无耻到了无以复加的地步。他下了决心，不给和珅留下深刻的印象，决不罢休！

为了巴结和珅，苏凌阿竟然打起了自己的女儿纳兰的主意，肮脏的灵魂，做出肮脏的事情，令人不齿。

那是一个风和日丽的日子，和珅应约到苏凌阿家做客。一进客厅，和珅就看见一个玲珑剔透的小姑娘，亭亭玉立地站在面前。他的眼前一亮，心动了又动。当他知道，这是苏凌阿的女儿纳兰的时候，夸奖不已。

苏凌阿的眼里堆满了笑，他知道，自己的机会来了。他命纳兰拜和珅为干爹。和珅非常喜欢纳兰，不知不觉，纳兰就由义女变为小妾。苏凌阿终于攀上了和珅，凭着不一般的关系，顺利调回京城，官越做越大。

国泰成为和珅的死党后，竟然对纳兰情有独钟。和苏凌阿同样无耻的和珅，为了能让国泰死心塌地地依附自己，竟然忍痛割爱，找了个机会把自己的小妾让给了国泰。

这无耻的一幕，为结党营私大清国的官场留下无耻的一页。

在国泰和纳兰的婚礼上，和珅做了主持。他无耻的嘴脸已经告诉人们，他的灵魂已经在权力生态中蜕变和沉沦，万劫不复。可怜的纳兰成为父亲苏凌阿和干爹和珅争权夺利的礼物，被送来送去，她美丽的身躯成为这些无耻男人攀上权力高峰的金钥匙。

国泰对和珅的感激，可想而知，他们的关系更铁了。婚后不久，和珅就为国泰谋得了泗城县令的职位，苏凌阿也被和珅提拔到吏部任侍郎。这两个职位上，从此就掺了和珅的两粒沙子。这么重要的部门里怎能没有和珅自己的亲信？

这皆大欢喜、如愿以偿的背后，是否有辛酸的泪水？

和珅是最高兴的人，一下子就有了两个关系颇硬的亲信。他伫立在宫墙内皇上的身边时，内心的充实被兴奋所取代。大清国的江山厚土，究竟属于谁？

国泰有恩必报，作为和珅的一名忠实的爪牙，被深深地安插在地方上，为他搜集消息，聚敛财富。和珅在政坛上的几次历险，都是国泰从中周旋才得以逃脱。

呜呼！

为私控科举

和珅的结党营私触角广泛，从什么时候开始，他的目光开始转向科举领域？

凭着和珅的精明，他懂得笼络文化人就要控制科举，这是巩固自己地位的捷径，岂能疏忽？

清朝历代都很看重科举的公正性。科举主考官历来都是饱学鸿儒。和珅自己不是科举出身，插手这个领域，还要下足功夫。和珅插手文化工作，先后主持《四库全书》《皇清开国方略》等许多官书的编纂，当过国史馆总裁等高级职位。他终于有了控制科举的资格。乾隆帝的宠信也为他插手、控制科举，笼络文化人大开了绿灯。和珅先后担任教习庶吉士、经筵讲官等官职，控制了官吏的选拔，方便了安置自己的亲友、党羽，打击对自己不利的政敌，还大肆收受贿赂，财源广进。

前文说过，吴省兰、吴省钦兄弟学识渊博，却屡试不中。后来，二人通过和珅帮忙，终于顺利通过考试，仕途顺利畅达，成为和珅言听计从、忠心耿耿的死党。和珅不方便直接控制的事情，就委派他们兄弟二人去做，既从中获得实惠，还可以避人耳目。

有一年，和珅推荐吴省钦出任直隶府学政，主持乡试。吴省钦上任后公开舞弊，明码标价地收受贿赂，把科举搞得乌烟瘴气，引起了诸多贫寒考生的不满。他们寒窗苦读十几载，希望通过考试博取功名，却因为没有银子而名落孙山，怎能不恨得咬牙切齿！第二天，考场门前出现一副讥讽吴省钦的对联：上联是"少目焉能识文定"，下联是"欠金安可望功名"，横批是"口天欺天"。

这是一副拆字联，上联的"少目"恰是个"省"字，下联的"欠金"恰是个"钦"，横批中的"口""天"二字则是一个"吴"字。这副对联巧妙地将吴省钦的名字嵌入其中，暗中讽刺吴省钦不识学问，主考官只认银子不认人。

吴省钦吓坏了，急忙调派了几名官差把守，严禁考生私自张贴任何对联、条幅。

不久，身在京城的和珅接到眼线通报，得知了此事。他把吴省钦狠狠地教训了一顿了事。因为，吴省钦受贿的钱财，基本上都孝敬了和珅。

和珅把科举牢牢抓在手中，控制科考的文化人，顺我者昌、逆我者亡，且手段狠而稳，使许多文化人断送了前程。

郑光策是福州著名的进士，少年时父亲离世，家境贫寒，与弟弟郑天衢相依为命，努力读书，互为师友，在当地很有名气，有"二雄"之称。乾隆四十四年（1779 年），郑光策考中举人，第二年考中进士，候选做官。

在乾隆的一次南巡中，郑光策有幸给乾隆写文章，得到了乾隆的赏识，命其在浙江会试。乾隆命令和珅监试。交卷时，和珅看到乾隆帝的御座下面有个踏脚用的小脚几，就故意坐在上面收取试卷。这样一来，下面的考生交卷时，就不好站着交卷了。因为和珅离乾隆很近，所以只好跪着呈上试卷，看起来就好像给和珅下跪一样。心高气傲的郑光策一看就明白了，和珅借皇帝抬高自己，侮辱读书人。他和同乡福建名士林乔荫等人约定，交卷时只拱手行礼而不下跪，交了考卷就愤愤地退下。和珅见郑光策驳了自己的面子，对他怀恨在心。阅卷时，故意将所有福建人的考卷藏起来，结果福建无一人考取。

郑光策的愤慨可想而知，他明白，和珅在朝中为官，自己就永无出头之日。他静下心来，刻苦钻研诗书文章，成了有名的政治改革家。郑光策才华横溢，在朝廷平定台湾林爽文起义时，著就平叛林爽文的《十二议》。大将福康安参照他的意见，获得平定的胜利。福建巡抚徐嗣曾在台湾善后，郑光策又呈上《台湾善后事宜书》的八议。他的思想影响深远，后世对他的评价很高。

和珅为一己私利，进行内幕交易，操纵考试，不知误了多少读书人的前程，他肆意调整考试的名次，几近猖狂。

乾隆五十二年（1787 年）的春闱会试中，一位沈姓读书人考取了前十名。和珅担任主考，被其文采所打动，就拉拢他。谁知沈姓考生性子耿直，不屑与和珅结交，认为自己已经进入前十名，参加殿试应该没有问题。尴尬的和珅火冒三丈，开始整治他。结果沈姓考生莫名其妙地

名落孙山，连殿试资格也被取消。从此以后，文人举子不得不在考试前，结交和珅，贿以重金。京城内外的官员学子都成了和珅的奴才和附庸，哪个敢顶撞他？

和珅对那些不听话、"不知好歹"的读书人毫不留情，轻易断送他们的前程。

山西举人薛载熙也是因得罪和珅而被除名的。乾隆五十四年（1789年），薛载熙赶往京师参加礼部恩科会试。薛载熙顺利进入复试，中了进士。接下来就准备会试了。谁知复试前，薛载熙莫名其妙地被除了名，失去了复试资格。

经过打听，薛载熙才知道，自己来京考试，因为没有去拜访和珅，表示自己的恭敬之意，故被其除去。

控制了科考的和珅，见其他人都拜会了他，唯薛载熙不给面子，便拟定复试名单上奏乾隆帝批复。他给薛载熙的评语："单凭学问水平而论，薛载熙的试卷没有大的问题，只是诗文有粗鄙乱凑之嫌，奏请停科。"乾隆有意让天下读书人普惠皇恩，于是批复道："若没有大的问题，可以加恩宽免。着和珅与诸位考官仔细商议。"

和珅根本不肯放过薛载熙，以众人商议的名义上奏道："薛载熙的复卷与中卷不符，难逃舞弊嫌疑，请记录在案，留待以后审查。"乾隆无心继续纠缠下去，就同意了和珅的奏请。

科考被和珅搞得如此黑暗，读书人哪还能看到一线光亮？

终于，薛载熙被和珅置于了死地。

薛载熙拜和珅所赐，坐了一回"过山车"。巨大的打击，学子的倔强，使薛载熙徘徊在失意中，但怎么可能向和珅低头？他韬光养晦，闭门谢客，刻苦攻读，盼着和珅倒台，拨云见日。他的恨一日胜似一日，每天读书后，都要焚香跪拜苍天，诅咒和珅快些倒台，从不间断。

老天有眼。十年后，太上皇乾隆驾崩，权倾天下的和珅随后被嘉庆帝赐死。薛载熙悲喜交加，热泪满面，打点行装，到京城去申诉自己的冤屈。

嘉庆六年（1801年）的一天，薛载熙得到消息，嘉庆帝出外巡视。

薛载熙在皇帝的必经之路上苦苦等待，终于等到了嘉庆帝。他冒死拦驾喊冤，哭诉冤情。嘉庆命薛载熙从实禀奏。薛载熙声泪俱下地把十几年前的会试中被和珅无辜除名，不能考取功名的事情一五一十地向嘉庆说了出来。

嘉庆帝听说过这件事，也曾经对和珅作恶多端的行径极为恼恨，便当场下旨现场出题考试。

薛载熙即兴作诗一首，嘉庆看了他文采飞扬的诗歌，立即加恩赏还其举人身份。

薛载熙在被和珅打压了十余年后，终被平反。

第七章　面对挑战，徘徊官场，叹息命运

彼窃钩者诛，窃国者为诸侯。

——庄子

自古官场云谲波诡，权力的角逐风起云涌，花样翻新，种种前所未见、闻所未闻的人和事，光怪陆离，轮番登场，如巨浪溅出千百万个水花，如夏云幻化成千百万种形态，令人瞠目结舌。

和珅虽然身居高位，却常常面临挑战，面对那些不畏权贵者，他只能无可奈何，深深叹息，久久徘徊官场。

刘定逌的鄙视，让和珅的威风抖不起来；谢振定烧车，那熊熊大火烧得和珅威风扫地；面对七品芝麻官武亿的挑战，他的灵魂战栗不已；江湖高人贾五的戏耍，更让他哭笑不得，脸面丢尽。

和珅的那声长长的叹息，早已被历史的烟云所淹没，却留下令人思索的教训：做官不清廉，众人不拥护，终于有一天，会从幽暗的天空中，重重地跌落下来，粉身碎骨。

不畏权贵者

和珅久经官场，深谙官场潜规则，终于身居高位，成为有名的"二皇帝"，许多官员跪拜在他的脚下，俯首帖耳地追随他，唯唯诺诺，沆瀣一气。和珅权势之大，让人无法想象。

世上的任何事情都有例外，有谄媚者就有不畏权贵者。

刘定逌就是这样一位有着铮铮铁骨、不为五斗米折腰的非同寻常之人。

在和珅掌管翰林院时，他坐在那把油光发亮的越南黄花梨木太师椅上，威严地看着伫立的翰林们，慢慢闭上眼睛，那威风让人望而生畏。翰林们瞧这架势，赶紧行跪拜大礼。和珅张开眼睛，得意地望着人们，突然，他惊住了，人群中竟然有一个人只行拱手礼，难道还有人敢和他对抗？

这个人就是刘定逌。和珅的眼睛眯了起来。

中国官场的潜规则往往大于规则，清官反而会被排挤出局。

于是，刘定逌被和珅除名了。

那一年刘定逌三十七岁，正是精力旺盛、风华正茂之时。

回乡的土路上，五辆大马车载着刘定逌的五车书飞驰着，刘定逌愤恨地吟道："千年成此恨，耿耿不能磨。"

刘定逌，壮族人，字叙臣，又字叔达，号灵溪，于康熙五十九年（1720 年）出生在广西武缘（今武鸣县）太平乡葛阳村一个书香人家，少年时代聪颖好学，博闻强记，被称为"神童"。雍正十二年（1734 年）应县试，考取案首（第一名），进入学官，继续攻读。乾隆六年（1741 年）考选贡生。乾隆九年（1744 年），参加广西乡试中解元（第一名）。乾隆十三年（1748 年）上京参加殿试，赐进士及第，授翰林院编修，后因得罪和珅而回乡。

刘定逌是清代著名的教育家和才华出众的诗人。这样一位风度翩翩的文雅儒士，思想的光芒曾照亮壮族文化的进步和思想开化。他主张以四书五经、三纲五常为做人之本；尊孔崇儒；极力传播封建文化，他的趣味与哲思，深刻、从容，收容着风雨烟云的记忆，他的历史影响，悠

远而绵长。更为可贵的是他鄙视权贵、刚直不阿，同情平民百姓。

至今，有关他的民间故事，在广西仍广为流传。

当年，刘定逌载书五车回乡，悉心研究学问，日夜与层层叠叠的藏书为伴，著有《论语讲义》《四书讲义》《三难通解训言》《读书六字诀》《刘氏族谱》《刘灵溪诗稿》等，影响极大。他还著有《重修灵水庙碑记》《移建葛圩隘碑记》《重修武缘县忠义祠碑记》《罗衣古寺碑记》等几篇短文及创作了数十首诗歌。他的才学和人品极高，被称为"粤西第一流人物""以盖世之才，崛起尘寰，利甲文章，伟然当世"。

乾隆十三年（1748年），刘定逌赴京城，参加乾隆帝主持的殿试，一举成功，当年就考上了进士。殿试后，乾隆帝随口问道："天下第一味是什么？"刘定逌回答说："盐"，立刻博得满堂彩。从此，刘定逌的大名也在群臣中传播开来。

那天，风和日丽，树绿花香，刘定逌和新科进士们跟随乾隆帝外出郊游。走到一水塘前，乾隆见干涸的水沟里有块石碑，令人往水塘放水，命随行的进士记碑文，看谁记得最快最多。水涨的速度极快，进士们仅能背出碑文的上半部分。刘定逌却顺利背出了所有内容，一字不差。乾隆帝非常惊讶，问他是怎么做到的。刘定逌说，他从下往上记碑文，待水漫过石碑时，他已全记住了。

刘定逌的机智和才华让乾隆很是兴奋，赐他入翰林院进修了三年，又命他担任翰林院编修。刘定逌学问深厚，性格直爽，为人也随和，所以在翰林院如鱼得水。

花无百日红，和珅控制了翰林院后，刘定逌的日子不好过了。

据记载，清代翰林院规定，翰林见到掌院学士，只行个拱手礼就可以了，俗称弟子礼。和珅兼掌翰林院后，竟然要求翰林给他行跪拜大礼。

翰林中的谄媚者，每次见了和珅都行跪拜大礼；不情愿者，见和珅位高权重，不得不行大礼。刘定逌对和珅的德行早有耳闻，十分鄙视他。

和珅见跪拜的翰林中，只有刘定逌行拱手礼，这还得了！特立独行的刘定逌，被和珅视为眼中钉肉中刺。

一天，和珅家为免书发霉，晾晒藏书，其实是有意炫耀自己饱读诗书。这种故作姿态，让刘定逌感觉十分滑稽。他故意躺在一条板凳上，露出肚皮。和珅感到奇怪，问他为什么要这样？刘定逌不紧不慢地回答，我要把肚子里的书晾一晾，免得它们发霉。对于如此明目张胆地讽刺自己的刘定逌，和珅气得甩袖走了。

恼羞成怒的和珅，略施手段，编了个"大考论事不如式"的理由，参奏了刘定逌一本，就把刘定逌逐出了翰林院。

刘定逌被和珅赶出翰林院，罢了官，暂住同僚好友罗源汉家里。听说京城有一家当铺养了一条恶狗，由于主人不加管束，恶狗经常追咬路人，百姓告官多次，却因那狗的主人后台硬而难以成功。性情耿直的刘定逌决定为百姓出一口气。

刘定逌带着仆人来到当铺，悠闲地翻看了桌上的账本，东家也没在意。突然，刘定逌将账本撕得粉碎，扔到火堆里了。东家大惊，急忙灭火取书，可惜账本早已化为灰烬。

狗主人愤怒得要打他，仆人告诉他，"我家主人有过目不忘的本领，他开个玩笑而已。你所有的账目，主人看了一遍就能记在心上。我家主人喜欢吃狗肉，只要你杀狗请他吃一顿，他自然会把账本写出来给你。"狗主人只好杀了恶狗，请刘定逌大吃了一顿。刘定逌果然把账本写好了，账目数字分毫不差，一时传为佳话。

刘定逌的耿直和对和珅的鄙视是出了名的。那天和珅来罗源汉家办事，要求见刘定逌，也好给罗源汉做个人情。罗源汉认为，刘定逌虽然被和珅革了职，还是翰林院的"编制"，只要刘定逌能跟和珅和好，很快就能回翰林院上班。他没想到，刘定逌竟然不买和珅的账。和珅很没面子，罗源汉也尴尬。刘定逌以大清读书士人的骨气，教训了和珅，和珅气急败坏，找个借口彻底把刘定逌的名字从翰林名单中抹去。

看淡了官场风云的刘定逌，宁愿丢官，也不弯眉折腰势权贵，傲骨可嘉。

刘定逌知道和珅不会善罢甘休，结束了仕宦生涯，返回广西老家。临行前，刘定逌泼墨写下"千年成此恨，耿耿不能磨"的诗句，并预

言：和珅如此妄为，终究有覆灭的一天。

从此，刘定逌潜心于教学，学问渊博，影响极大，经常到各地的学院讲学。他还为桂林秀峰书院撰了一联：于三纲五常内力尽一分，就算一分真事业；向六经四子中尚论千古，才识千古大文章。这副对联融合了他对教育事业的终生理解，故一直流传下来。他还制定了《秀峰书院学规》，写《"三难"通解训言》悬于书院讲堂，作为学生行为准则，此后长达百年之久，其间无人敢改动一字。直到道光年间，著名学者吕璜主持桂林秀峰书院，依然对前辈刘定逌的《"三难"通解训言》推崇备至，说它"其言应不朽，于道亦玄尊"。

刘定逌治学十分严谨，著有《灵溪时文》等书稿，还著有不少诗作。一直到了嘉庆六年（1801年），年过八旬的刘定逌还受邀主讲宾州书院（在今宾阳县），任书院山长。

刘定逌的书房里挂着一块牌匾，上书"玉清尊宿"四个字，熠熠生辉。那是任两广巡抚的张百龄，为表彰刘定逌对广西教育作出的贡献，亲书制成牌匾赠送给他的。他的学生韦丰华在《今是山房吟余琐记》中说："欲知先生之全量，当于理学中求之乃可。"

嘉庆九年（1804年），广西会考，巡抚张百龄邀请刘定逌到桂林，作陪宴请京城来的主考。当时和珅已死，京城来的主考官也听说过不畏和珅权势的刘定逌，今日一见，竟然如此仙风道骨，飘逸洒脱，不觉奇怪：为什么翰林院的名单中，没有刘定逌的名字？

刘定逌拂须说出当年得罪和珅的事。主考回京后，立刻将情况向嘉庆帝禀报。嘉庆下令追查，原来和珅公报私仇，并未禀报皇上，私自抹去了刘定逌的名字。嘉庆立即诏令，恢复刘定逌的翰林名誉，表彰他当年不畏权贵的气节，任命他为都察院道御史，代天子巡狩，可以监察任何地方、任何级别的官员，大事奏裁、小事立断，以正风俗、振纲纪。

刘定逌接到圣旨，非常欣慰，他回禀皇帝因年纪大了，惜力不从心，婉拒重新出山。嘉庆帝感慨不已。

不久，嘉庆帝设鹿鸣宴，特别下旨，请刘定逌以乾隆九年乡试第一名的身份参加宴会。刘定逌少年时曾中乡试第一，如今六十年过去了，重赴鹿鸣宴，而且由皇帝亲自主持宴会，待遇可谓非同一般，这也是其他人不敢奢求的荣耀，此事一时传为佳话。嘉庆帝尊他为德高望重的学界前辈。两广和两江总督蒋攸铦来广西巡察，与刘定逌交谈，对刘定逌的才学甚为钦佩，并与他结为忘年交，从此书信不断。蒋攸铦还许诺：待刘定逌终老后，要亲自为他写墓志铭。

嘉庆十一年（1806年）刘定逌病逝，终年86岁。在《刘定逌墓志铭》中，大学士蒋攸铦称赞他的德行如"漓江之水，清且涟兮"，学问如"独秀之峰，高不蹇兮"。

刘定逌死后，当地的乡亲父老十分怀念他。清光绪年间，武缘县（今武鸣）官府报请朝廷将刘定逌封为乡贤，并在县城的孔子庙乡贤祠里设了牌位，祭祀年不断。

谢振定烧车

乾隆年间，公然挑战和珅的官员不仅有刘定逌，还有很多正直的官员同样不畏权势，不断向他发起挑战，让久经官场的和珅寝食难安。

谢振定烧车，引起的轰动效应，就像回音壁，至今，还能闻其隆隆回音。穿越历史的烟云，谢振定烧车，打击了和珅的威风，百姓一片叫好声。

嘉庆元年（1796年）初，乾隆宠臣和珅依然在朝，权倾朝野，大小官吏奔走于他的门下，仰承他的鼻息。谢振定鄙视和珅的德行，从不买他的账。这个时候的他，正任江南道监察御史，不久又任署兵科给事中。这是一种"掌侍从规谏，稽查六部之弊误，有驳正制敕之违失、章奏封还之权"的官员。他巡视南漕入瓜州，粮船常遇顺风，被人神化，称之为"谢公风"。

有一天，不畏权贵的谢振定正巡视于北京东城，看见一辆豪华红绛泥的后档车在大街上耀武扬威，横冲直撞，乘坐者不配其身份，明显"违制"，谢振定当即喝令停车，主子得势，奴才也嚣张，"违制"车仍全速前进。旁边的护卫告诉他，这个人是和珅的手下，他的姐姐

是和珅的爱妾，平日横行惯了，劝谢振定不要招惹他为好。谢振定勃然大怒，即命部下追车究问。和珅一向得到宠任，弄权黩货，这小舅子竟仗着和珅的权势，对谢振定摆出一副凶横态度，不服教训，恶言相向，破口大骂。谢振定震怒，下令剥去和珅妾弟衣衫，当场将其处以杖刑，痛加责打，同时将那辆装饰极尽华丽的车辆，当街放火烧毁，路人围观如堵，拍手欢呼，称之为"好御史"。谢御史不畏强权、敢斗和珅的名声，顷刻传遍京城，人们将谢振定称呼为"烧车御史"，朝野知名。

和珅知道消息后，气得暴跳如雷，认定谢振定成心跟他过不去，第二天就指使心腹罗列罪名弹劾谢振定，凭着自己的权势和手段，罢了谢振定的官。

谢振定被弹劾罢官，和珅得逞。看似他是官场游戏规则的得胜者，其实则不然。后来，谢振定的长子曾考中进士，出任河南裕州知府，道光皇帝接见过他，听了他叙述的家世，曾说："你原来是'烧车御史'的儿子。"从此，谢振定"烧车御史"的美名便传开了。谢振定的家乡湖南湘乡的人们则称谢振定的后代为"烧车谢家"，一直传颂至今。

谢振定不畏和珅权势、火烧和珅妾弟华车的事迹传遍了京城，百姓无不拍手称快。

乾隆十八年（1753年），谢振定出生于涟源市荷塘镇常林村，字一斋，又字竹湖，号芗泉，清乾隆四十二年（1777年）丁酉科举人，乾隆四十五年（1780年），中进士，任翰林院庶吉士、编修，后典试江南，升江南道监察御史。乾隆六十年（1795年），任兵科给事中。

出生于书香世家的谢振定从小就正直、勇敢，不畏权势。父亲谢再诏，优禀生，乾隆壬午科（1762年）副举人。长兄谢振宇，进士出身，先后任过武英殿四库馆誊录官和知县等职。三兄谢振宁系举人出身，任过知县。少年的谢振定聪敏好学，十岁前就读遍了十三经。乾隆四十二年（1777年），他与兄振宁同举于乡，越三年，为乾隆庚子科进士。他一生致力学问，尤长于诗赋，有《知耻斋诗文集》八卷刊行于世。

谢振定素性强直，不肯阿附，以是忤上官。他常做善举，提倡风义，在京城任职时，曾设置义地，凡同乡客死京师者皆于此葬之。师友中有贫困而不能安葬者，他经常解囊资助。做官当年，在任修公廨，革陋规，修河道，事皆躬亲，以劳卒于任。诰授奉直大夫，晋授朝议大夫。

谢振定鄙视和珅玩弄权术、施展淫威的嘴脸，面对和珅的贪腐，叹世风日下，勇敢地站出来与之斗争。虽然烧车事件后，被和珅无情地整治，但心底坦然。嘉庆四年（1799 年），和珅被革职下狱，一条白绫赐死。那一刻，谢振定激动得留下了热泪，嘉庆帝特旨任命他为礼部主事，"应召言事，条陈甚悉"，走出紫禁城的他，伫立在甬道上，风沿着红色的宫墙边的夹道吹过来，鼓荡着他的衣衫。仰望着如洗的碧空，他的心中升起无限的自豪感。他挺直了腰杆，大步朝前走去。他背后的春禧殿，隐进苍郁的树林，深藏曲曲折折的意境，那风风雨雨的记忆，承载着不该麻木的历史，国家大义，是他生命的真正意义，永志难忘。

谢振定为官清廉，身先士卒。他任顺天府通州粮厅粮督期间，曾发生这样一件事情，彰显了他的人品和德行。那是一个夜晚，月亮早已隐藏到云层的后面，夜深人静，漕船却突然起火。面对熊熊燃烧的大火，在场的官吏束手无策，远远观望。在国家财产受到威胁的时候，谢振定没有退缩，他迅速带领部下去现场救助灭火，保住了漕船里的粮食。他还捐出私款整修公廨，并革除积弊，修有江湾故道，并主持开凿果渠、温榆河等运河，都有利于漕运畅通。

谢振定死于嘉庆十四年（1809 年）五月的一天。那是一个阳光灿烂的日子，谢振定望着窗外柳绿桃红的景致与案头的彩墨手卷，一时兴起，提笔书写"正大光明，通天达地"八个大字，却突然掷笔而逝。

御史谢振定劳瘁卒于任上，时年五十七岁。消息传来，朝野震悼。

英雄的死，都是如此的不同凡响。

此刻，天气骤变，雷鸣电闪，大雨如注，是在悼念这位不畏权势的正直的大清官员吗？

时光如梭，天地坦然。御史谢振定敢忤权贵，疾恶如仇，秉公执

法，与当时的阿谀逢迎、明哲保身之辈恰成鲜明对比，可见其刚正不阿、大公无私、爱乡爱民的崇高风范。

谢振定勇敢烧车的英雄壮举，虽早已淹没于历史的烟云里，却无时不在发出振聋发聩的声音，警醒着后人。

道光壬辰年，谢振定入祀"乡贤祠"，其生平载入国史馆。

向和珅叫板

自古就有敢把皇帝拉下马的英雄豪杰，他们的事迹，千古传颂。

乾隆时期的和珅，权倾朝野，声名显赫。"二皇帝"之称，足以说明他一人之下、万人之上的地位和威风，巴结者趋之若鹜。

公然向和珅叫板的，竟然是个名叫武亿的七品芝麻官。

武亿为乾隆四十五年（1780年）进士，乾隆五十六年（1791年）授山东博山县知县，为官清廉、刚直不阿，勤于政务，不事权贵。县里的案子秉正处理，随到随办，绝不拖延，且能对行贿者严加斥责。其到任仅仅七个月，博山大治。

乾隆五十七年（1792年），山东王伦聚众谋反，军机大臣和珅派密探杜成德、曹君锡为首的十三人，到山东寻找抓捕他。密探们倚仗着和珅的势力，每到一处，横行霸道，恶事做尽，无人敢拦，地方备受滋扰。知县武亿见外来的衙役在他的地界为非作歹，勃然大怒，马上将飞扬跋扈的杜成德等人扣了起来。

县衙里，衙役要求杜成德等人跪下，哪知他们非但不跪，反而更加嚣张，疯狂咆哮。杜成德拿出自己的令牌，恶狠狠地往堂上一扔，瞪着眼睛厉声对着武知县叫嚣道："我等遵奉九门提督府牌，出京缉拿要犯，你是个什么官，敢阻挠我等行动。"

武知县扫了一眼令牌，大声叱斥杜成德说道："令牌令你到地方后，报告有司衙门，求得协助缉捕。你等到博山已有三天，不来拜见本官，这不叫违令，又叫什么？而且令牌上写着只有差役两人，其他十一人都是干什么的？"

走南闯北的杜成德们，从来都是耀武扬威，一马平川，万没想到这天下还有不怕和中堂的人。一想到有和中堂撑腰，他的气焰更加嚣张。

哪想到，眼前这位县令武亿就敢跟和珅叫板。他一声喝令，重责杜成德板杖数十。当地百姓闻讯，无不拍手称快。

山东巡抚吉庆得知了消息，惊恐万状，这武亿行事如此鲁莽，不是给地方惹了大祸吗？一旦和珅怪罪下来，他们丢了乌纱事小，恐怕弄不好，连命都保不住。他想来想去，舍卒保车不失为好计。于是，巡抚吉庆以杖责九门提督差役的罪名，上疏劾奏武亿，并将奏折副本抄呈和珅。

谁知吉庆的马屁没拍对地方，他不知道和珅私派的这些人，是不符合大清法律的。

和珅收到弹劾武亿的折子后，怪这个吉庆多事。这不是揭露我和珅私自派遣差役吗？这不是暗地里表扬武亿是个耿直的县令吗？老谋深算的和珅不动声色地把折子退给了吉庆。吉庆只好再上折子，避开此事，以"任性行杖，滥责平民"的罪名弹劾武亿，摘了武亿的乌纱帽。

武亿为官清廉，敢为民请命，受到百姓的拥戴。他被罢官后，博山一千多民众自发组织起来，到巡抚大堂为之请命。吉庆被感动，亲自进京为其翻案。大学士阿桂斥责吉庆道："朝廷条令禁止番役出京，你不知道吗？竟然隐去真相，将依法行事的县令弹劾，何也？"此时的吉庆，悔恨交加。

由于和坤的阻扰，驳回了武亿复职的请求。

是金子在哪都会发光，武亿含冤回籍专于著述。他博通经史，精于考据，一生著述颇多。

清代乾、嘉时期，"新洛学"方兴未艾，武亿为此学派的主要人物，尤好金石之学，亦工于书法，著有《授经堂诗文集》《金石三跋》《授堂诗钞》《授堂诗文》《偃师金石记》《安阳金石录》等十余种，还编修了《偃师县志》《鲁山县志》《宝丰县志》等凡数百卷，均在《清史列传》载传于世。其著述皆旁征博引，学术价值极高。

转眼太上皇乾隆驾崩，嘉庆皇帝亲政，和珅被正法。嘉庆皇帝令朝

臣推荐委任各地方官员，条件是"品学端正，有真才实学，政绩可考"。武亿在被推荐之列。嘉庆派人召其进京，准备重用。谁知，当差役到了武亿家里，才知道他已于一月前去世。

翰林院编修洪亮吉集经史句挽武亿："降年有永有不永；廉吏可为不可为。"

清姚鼐为其作《博山知县武君墓表》，事迹收入《清史稿·武亿传》。

翻开卷帙浩繁的清史，抚着细密的文字，我们会看到，敢与和珅叫板的还有两个人，那就是大名鼎鼎的海兰察与阿桂。

海兰察将军是鄂温克族大杜拉尔氏人，被誉为乾隆朝武臣之冠。

据史料记载，海兰察性格刚直不阿，能征善战，桀骜不驯。

乾隆皇帝知道海兰察的性格，对他也是礼让三分。

有这样一件事情，足以说明海兰察的为人和性格。

当台湾匪患猖獗之时，闽浙总督李侍尧申请乾隆皇帝派海兰察赴台湾的奏折中记述："臣再四思维，可否仰恳皇上于武臣中如海兰察者，授为参赞大臣，令其前来。"乾隆朱批：已发往矣。 在"会同常青督率料理"这句话后，乾隆朱批："恐常青管不住他，是求益而反损。贼匪虽多，究系乌合之众，自不难摧败。臣前奉谕旨，以海兰察等非常青所能统辖驾驭，但海兰察系受恩深重之人，久历戎行，来当重任，自必前于妥办……"

海兰察为乾隆时期一员猛将，勇悍无敌，性情骄横难制，人称"权奇自负"。这样一位不把任何人放在眼里的悍将，却唯独愿意服从军机大臣阿桂的命令。

海兰察的这种不畏权势所屈的性格，使得他在朝中众臣中有着极高的威信，他不知道，一双忌妒敌意的眼睛，正在窥视着他，伺机将其整倒。这双眼睛的主人便是和珅。

海兰察自然就成为和珅敌对阵营中的一分子。

乾隆四十六年（1781年）兰州新教叛乱。四月初一，乾隆皇帝任命和珅为钦差大臣，前往兰州平叛。与此同时，乾隆还任命英勇善战的

七额附拉旺多尔济及颇具谋略的都统海兰察、护军统领额森特协助和珅作战。为防万一,乾隆还特令正在黄淮一带视察治河工地的阿桂火速赶往兰州。

和珅接到谕旨后,内心恐慌,养尊处优、毫无战阵经验的他,哪里能承受得住两军对垒、军情叵测的压力?

前方吃紧,海兰察早已率先锋先行。和珅却有意在途中一再耽搁,以致比晚接到谕令、路途又远的阿桂只早到四天,于四月十六日才抵达兰州。站在兰州的土地上,风夹带着沙粒,无情地抽打着保养极好的和珅的脸上、身上,他却在心里拨拉着小算盘,不能让人知道他"行走濡滞"的用心,还得设法避开独当一面的困境,如何是好?

和珅机关算尽,却仍未摆脱决策失误的尴尬境地。

大将海兰察抵达兰州后,立即抵前线运筹帷幄,组织进攻,取得了龙尾山大败新教军的战绩。海兰察的先期到达以及首战告捷,让和珅妒意大发。和珅立功心切,不等阿桂抵达军前,就匆忙部署发起总攻,兵分四路向退守华林山的新教军发起攻击。不想,其他几路人马都有小胜,唯独和珅自将一路先胜后败,不得已退下火线,使清军全线进剿受到影响。和珅不谋计策,慌乱下令其他各路军撤回。新教军乘清军受挫进行反击,在夜晚袭扰清军,竟使万余清军陷入进退维谷的境地。尽管在交战中海兰察奋勇当先,大量歼灭沟中伏敌,奸佞小人和珅还是把一腔邪火发到海兰察的身上。他在给皇帝的奏疏中,极力诋毁海兰察贸然进军,"不查贼形,希图侥幸……"

和珅推脱责任,诋毁他人的做法,激怒了海兰察。

从兵丁崛起的海兰察,相当自负,绝非趋炎附势之辈。海兰察不买和珅的账了。

四月二十一日,阿桂赶到军中,查问失利之因,和珅不察敌情,胡乱指挥,海兰察等不听从他的命令导致失败,他便把战败的原因全部归罪于海兰察等将领,极力为自己洗刷辩白。

阿桂锐利的眼睛看着和珅,透过他的言辞,觅到蛛丝马迹,告诉他,如果你说的都是事实,海兰察等将领就得被治罪杀掉。

阿桂让和珅坐在自己身边，一起重新布置战事。阿桂对每项战事的布置，众将们都齐声响应，便厉声问和珅，诸将们没有丝毫的怠慢。你说，我这把尚方宝剑应该把谁杀掉？

这一问，如惊雷轰鸣，吓得和珅"战栗无人色"。

乾隆也接到和珅的奏折，知道和珅不懂军事，推脱责任。下诏书曰："自阿桂到军，经画措置始有条理，此事阿桂一人已能经理委办，无须复令和珅同办。且恐和珅在彼，事不归一。即海兰察、额森特向随阿桂领兵打战，阿桂之派调伊等，自较和珅应呼更灵。着和珅刻日返京扈从前往热河，所有一切事务皆转交阿桂，不得耽误。"

接到诏书，和珅灰溜溜返回京城。

和珅露丑，从此怀恨在心，终其身与阿桂、海兰察相恶。

被骗案之谜

中国有句古话：常走夜路，终遇鬼。

和珅利用手中的权力，做尽了坏事，不但被同朝不畏权贵的官员所不齿，也让百姓痛恨。

乾隆年间，就发生了神秘的江湖侠客，骗走了乾隆帝赏赐给和珅的御赐宝石顶奇案，此案沸沸扬扬，神神秘秘，扑朔迷离。

乾隆五十四年（1789 年），固伦和孝公主下嫁和珅之子丰绅殷德，隆重的婚礼上，乾隆帝特地赏给和珅一颗宝石顶戴。和珅一向张扬，特意把皇帝赏赐的朝冠放在很显眼的地方，得意扬扬地接受朝中官员的祝贺。

此时，江湖好汉贾五正好走过和府，见其门前停满了各式马车和轿子，心中气恼，戏弄鱼肉百姓大贪官和珅的想法，油然而生。

贾五翻墙入户，弄到一套宫里太监的衣帽，化装成皇宫的太监，雇了一辆华丽的马车，耀武扬威地到了和珅府门前。

正与百官推杯换盏的和珅，忽听"圣旨到"三个字，以为皇上对自己有什么新的赏赐，立即起身和百官一起等待圣旨。不一会儿，那传旨太监站在了厅中，颇有些气宇轩昂，只见他神态庄严、尖声尖气地说："和大人，有皇上的口谕。"

和珅慌忙跪下，只听传旨太监大声道："查文华殿大学士和珅，督办兰州军务期间，总兵图钦保阵亡，和珅匿不上奏，掩饰战事的发展；且有贪污军饷之事。兹念其前功，不予深究。着追还前赐宝石顶，以示薄惩。"

原来是和珅在兰州的事情败露了，皇上派人来追还宝石顶的。和珅非常气恼，暗暗发誓找出趁着这个大场面拆他的台、让他出丑的人，整死他也不解心头之恨。和珅接旨后，当众把皇上钦赐朝冠上的大红宝石摘了下来，呈给"传旨太监"。"传旨太监"收了宝石顶，也不多说，扬长而去。

和珅这个郁闷啊，越想越怕。这么多年官宦生涯，贪赃枉法、贪污受贿，死八回都够了。这事皇上如果追究下去，后果不堪设想。满堂宾客也无心在此逗留，一个个匆匆告辞而别。

和珅惊魂未定，向乾隆请假休养。不料乾隆的"传旨太监"来了一批又一批，一天之内就来了好几次：要他好好休养身体；带着太医给他看病，给他送药。关切之情，让他感到乾隆帝还是器重自己的。

和珅的病顿时好了。

第二天的早朝，和珅小心翼翼地叩谢皇上送药之恩，乾隆嘘寒问暖后，见他没有戴自己赏赐的红宝石顶，问他为何？和珅一惊，皇上这是故意消遣自己，顿时汗如雨下，连忙磕头谢罪："奴才有负圣恩，宝石顶才被陛下追还，奴才一定好好反省，不负皇恩。"

乾隆一头雾水，朕从来没有追还啊，到底怎么回事？和珅见皇上确实不知，于是把太监追还宝石顶的经过详细地说了一遍。乾隆问吏部尚书、礼部尚书和所有的军机大臣，是否派太监传旨？众位大臣都表示不知道此事。和珅描述了太监长相后，太监总管说不存在此人。

看来是有人冒充太监，把和珅的红宝石顶给骗走了！

这太无法无天了！乾隆大怒，命令刑部和九门提督抓捕骗子，限期破案。

一时间，京城的旅店、妓院、酒楼等地都被翻腾了个底朝天，鸡飞狗跳，百姓不得安宁，也没有搜到宝石顶。

一天，和珅散朝回后堂，刚刚坐下，下人来报：九门提督派了一名参将求见相爷，双手呈上九门提督的名帖。和珅准许后，参将大步走了进来，和珅一看，这位参将头戴蓝宝石顶的三品朝冠，身穿三品武官的绣豹子补服，威武精明。只见他纳头便拜："贺喜相爷！骗子已然抓获，宝物也追回来了。"说完从怀中拿出宝石顶。

和珅又惊又喜，丢失的御赐宝石顶终于找回来了，便对那位参将说"费心了、我重重有赏"之类的话。那位参将倒也十分客气，并要和珅赐字，回营交差。和珅写了收据，交给参将。和珅一时高兴，便问其姓名，准备来日提携。来人说卑职姓贾名丁工，感谢和大人的栽培。收下名帖，来人拜谢而去。

这人走后，和珅屁股还没坐稳，门房就报九门提督大人到访。和珅以为押送犯人来了，心想这九门提督办事也太快了。九门提督进门，并没有带犯人。和珅纳闷，笑道："劳提督大人大驾，宝物终于完璧归赵。和某非常感谢，以后提督大人有什么需求尽管找我。"

九门提督是来求和珅再宽限几日的，一听这话，脸色大变，急忙告诉和珅，他没有遣人来大人府上送东西！和珅傻了，吾等遇到高人了，刚才那位和骗走宝石顶的人是一伙的。九门提督表示一定详加查访，将骗子缉拿归案。

和珅陷入思索之中，此人先冒充皇上的特使骗走宝石顶，现在又假冒参将将宝石顶送还，根本就是不把朝廷放在眼里。他能够把宝石顶骗去又原物奉还，这里，一定有因，把他逼急了反而不好。自己身居高位，被骗子如此戏要，怎么向皇上交差？只能向皇上请罪，就说自己不小心遗忘在某处，现在又找到了，皇上肯定会饶恕的。想到此，他对九门提督说，此事到此为止，不必再追究了。

九门提督被宝石顶被骗案折腾得心身俱疲，闻此言甚是高兴，客气几句就告辞了。

这宝石顶奇案就这样不了了之了。

嘉庆亲政后，和珅倒台赐死。宝石奇案才有了答案。

骗走宝石顶的人名叫贾五，江湖高人，因看不惯和珅贪赃枉法、作威作福的德行，就想骗来宝物戏弄和珅，却没想到朝廷为追捕骗走宝石顶的人，连累了许多无辜的百姓，贾五为了受苦遭殃的百姓，才再次化装到了和府，将宝石顶送还给了和珅。

和珅贪赃枉法，被江湖人戏弄，丢尽了脸面。他的那声长长的叹息，早已被历史的烟云所淹没，却留下令人深思的教训：做官不清廉，百姓不拥护，终有一天会从幽暗的天空中重重地跌落下来，粉身碎骨。

第七章 面对挑战，徘徊官场，叹息命运

第八章 与文人墨客周旋，屡遭戏耍

金色的树林里有两条路，

可惜我不能沿着两条路行走；

……我选择了一条人迹稀少的行走，

结果后来的一切都截然不同。

——（美国诗人）弗洛斯特

和珅在官场与文人墨客周旋，演绎的传奇故事，虽惊心动魄，却也生趣盎然。文人墨客的飞扬文采，让他丑态百出。

他的文采处处输给纪晓岚，却因忌妒生恨，想方设法地整治他，但笑到最后的，还是纪晓岚。

刘墉只因学识高超，为人正直，政见与其不同，和珅就醋意大发，处处刁难他。聪明过人的刘墉，终于以自己过人的文采，重新赢得皇上的青睐。

才高八斗、学富五车的王杰不堪与和珅为伍。因自己清正廉洁，和珅抓不到他的把柄，只能无奈叹息。

和珅嫉贤妒能，其灰暗的精神世界，让世人所不齿。他丑恶的灵魂，走上了一条人迹稀少的路，注定无处收留。

其结果必然是死无葬身之地。

才气输纪晓岚

在和珅的世界里，充满了不择手段往上爬、敛财贪腐、尔虞我诈等负能量，与文人墨客周旋，又多了嫉贤妒能。其灰暗的精神世界，害了自己，也害了他人。

和珅与纪晓岚的交恶，就是从妒忌开始的。

纪昀，字晓岚，他无书不读，博览一世，文采名满天下，人称"天下第一才子"。纪晓岚著有《阅微草堂笔记》等书。他去世后，嘉庆帝御赐碑文："敏而好学可为文，授之以政无不达"，故卒后谥号文达，乡里世称文达公。

纪晓岚才情非凡，经常和乾隆帝一起作诗，一唱一和的风采，博得众大臣的赞誉，留下了很多佳话，也引起和珅的忌妒。

一次，乾隆南巡，来到泰山，在岱庙祭祀，看见庙前上演梆子戏《西厢记》。乾隆灵机一动，对群臣说："朕想起一上联，诸卿可试对下联：东岳庙，演西厢，南腔北调。"

群臣纷纷叫好，却无法接对，只见纪晓岚缓缓对道："春和坊，卖夏布，秋收冬藏。"这一对得到众大臣和乾隆的称赞。和珅妒意顿生，恨不得吞了他。

那日，群臣跟着乾隆来到山东济南府大明湖的遐园，见湖心有一座历下亭，建于北魏，历史悠久。

乾隆问："这等风景绝佳之地，必定有历代的文人骚客留下诗词歌赋，哪位爱卿知道啊？"

和珅讨好似地接口道："皇上圣明，诗文自然是有的……"

可和珅怎么也想不起来哪个古人留下了什么诗句，就搪塞道："这里风景优美，天下闻名，想必许多文人骚客都留下过诗文。"

这时，纪晓岚娓娓道来："诗圣杜甫曾在这里写过一首诗。杜甫到临邑县看望弟弟杜颖，经过济南府的时候恰好碰上了北海太守李邕，二人素来交往甚厚，就在这个亭子与当地名士共谋一醉。杜甫诗兴大发，当场赋诗一首。微臣早年曾经读过《杜工部诗集》，里面有《陪李北海宴历下亭》，诗曰：

东藩驻皂盖，北渚凌清河。

海右此亭古，济南名士多。

云山已发兴，玉佩仍当歌。

修竹不受暑，交流空涌波。

蕴真惬所遇，落日将如何？

贵贱俱物役，从公难重过！

这应该算是此处比较有名的一首诗了。"

纪晓岚说完，不卑不亢，静立一旁。

乾隆帝不禁称赞道："纪昀真是博览群书，学识渊博，诸位爱卿要多多学习。"说完，继续游玩。

这纪晓岚故意卖弄，不是让自己出丑吗？和珅恨意丛生，暗暗生气。纪晓岚却自恃才高，也不顾忌和珅的想法。

黄昏时分，乾隆帝看见天上飞来一只白鹤，道："白鹤乃祥瑞之物，哪位爱卿以白鹤为题，作诗助兴啊？"

纪晓岚立即念道："万里长空一鹤飞，朱砂为顶雪为衣。"谁知纪晓岚诗还没做完，白鹤早已越飞越远，成了天边的一个黑点。和珅见纪晓岚又抢了自己的风头，醋意大发，不怀好意地道："你看那鹤，现在明明是一只黑鹤，何来'雪为衣'之说？"

乾隆帝知道和珅有意为难纪晓岚，却想试一试纪晓岚的应变能力，说："和珅说得没错，现在确实是一只黑鹤。纪昀，你如何解释？"

纪晓岚笑道："皇上说的是。"接着吟道："只因觅食归来晚，误入羲之蓄墨池。"乾隆帝见纪晓岚果然文思敏捷，才思泉涌，一再夸赞他。

和珅恨得牙痒痒。

后来，和珅修建了一座小亭子，请纪晓岚题词，以此来炫耀自己的权势。

纪晓岚知道这是和珅用贪污的银子修建的园子，本来不想与他为伍，又不好明着得罪他，只好来到园子，看见了一片竹林，计上心头，说："贵府花园风景秀美，何不取《诗经》中的《小雅》，'如竹苞矣，如松茂矣'之意，将这小亭称作'竹苞'？"

和珅欣然同意，暗自自责自己怎么没有想到？随即，将纪晓岚书的苍劲有力的"竹苞"两个字做成镶金匾额，挂在亭子上。

和府修建完毕后，乾隆帝带着一群大臣前来游玩，无意间看到凉亭匾额上"竹苞"二字，饶有兴致地问是谁人书题？

和珅赶紧回禀皇上，匾额出自纪晓岚之手，名字也是他起的。接着卖弄似地介绍取《诗经》之意云云。不料，乾隆突然哈哈大笑，问和珅："你可看出其中暗藏着的玄机？"和珅摇头道："恭请皇上明察，还请赐教。"乾隆帝大笑："这是纪昀在变着法子骂你呢！此二字拆开便是'个个草包'，岂不有趣得很！"

和珅又一次遭到戏弄，让他在皇上和众大臣面前丢尽了脸，暗地里下决心，寻机报复，整治纪晓岚。

淮盐运使卢见曾是纪晓岚的亲家，为人慷慨豪放，结交士人，门下宾客众多。朋友有了困难，他经常慷慨解囊，不惜挪用公款。和珅暗暗查到此事，添油加醋地向乾隆禀报，称卢见曾犯有贪污大罪。乾隆帝听后勃然大怒，下令朝廷议罪，抄家查办。

纪晓岚闻之心急如焚，就找个信封，装点儿茶叶，用加盐的面糊封好口，然后装入一个精制的盒子中，派人火速送往扬州卢家，说里面是古玩，请亲家仔细玩赏。

卢见曾接到信后，心中疑惑。仔细琢磨，终于悟出："盐案亏空，查封。"纪晓岚是借此报信，要他有所准备。不久案发，可和珅却没有抓住纪晓岚的把柄，没有证据治不了他的罪。

和珅不死心，调查得知纪晓岚曾经在查案之前给卢见曾送过信，搜查卢见曾的信件，却一无所获。和珅命令严加刑讯，卢见曾的孙子卢荫恩扛不住酷刑，供出了纪晓岚。乾隆恼怒，立即召见纪晓岚询问事由。纪晓岚只说自己并未事先透露，请圣上明察。

乾隆大怒，纪晓岚只好陈述了事情的过程。两淮盐商看到卢见曾失势，墙倒众人推，纷纷指证他贪污索贿。加上和珅背后操纵，卢见曾被判绞刑，纪晓岚也因为私自通风报信，被流放乌鲁木齐，发配充军。

这一次，和珅整治了纪晓岚，终于出了一口恶气。

纪晓岚心态好，在朋友饯行的宴会上，仍然谈笑风生。和珅不请自来，想看看纪晓岚失魂落魄的样子。众人体谅纪晓岚，只聊闲话，不提送行之事。和珅却不饶他，举着酒杯幸灾乐祸地作了一首诗，道：

"有水为清，

无水也为青，

去水添心便为情。

不看僧面看佛面，

不看你情看我情。"

诗中隐藏的嘲笑之意一看就明，众人不敢作声，暗骂和珅，在纪晓岚伤口上撒盐。纪晓岚却满不在乎，笑曰："和大人出了题，我也只好献丑了。"说罢，抑扬顿挫地吟道：

"有水为溪，

无水也为奚，

去水添鸟便为鸡（雞）。

野兽得势皆似虎，

落魄凤凰不如鸡。"

众人一听，这是在讽刺和珅狐假虎威，借皇帝之手打击纪晓岚，不禁哄笑起来。和珅自讨没趣，只好悻悻而归。

乾隆身边没了纪晓岚，有些失落。想起纪晓岚做官这么多年，不擅权，不结党营私，文采无人能比，心中不忍。不久就宣旨，赦免纪晓岚的罪责，命他返回京城任职。

和珅见纪晓岚居然又被乾隆帝召回了京师，也不敢再随意打击他。乾隆帝起用博学多才的纪晓岚为总纂，编纂《四库全书》。纪晓岚为了《四库全书》，十余年间殚精竭虑。全书完成后，和珅翻看，发现了一些抄录有错的地方，感觉该出手打击宿敌了。

和珅细心地把书中的错误一一抄录，整理好后呈给乾隆，奏本道："《四库全书》的本意是为了体现大清的文法盛事，纪昀、陆锡熊等人故意漠然视之，视同儿戏，而不认真校对其中的错误。"

乾隆见《四库全书》的编纂中有这么多错误，很不满，令纪晓岚带人重新检查《四库全书》，把文渊阁的藏书校正一遍；陆锡熊率人前往沈阳，把文溯阁的藏书全部校正一遍，产生的费用全部由他们自己支付。这个决定可害苦了纪晓岚等人。陆锡熊悲愤而死。不久，总校官陆费墀被免去所有职务，自己出钱把《四库全书》所涉及的藏书都装裱一番，因劳苦不堪而去世。纪晓岚心态淡然，最后总算顺利完成了任务。

在和珅的挑拨压制下，纪晓岚虽满腹经纶，却始终难以被皇上委以重任。在郁郁不得志中，纪晓岚一生在朝廷就做了两件大事：主持科举和编修书籍。他曾两次为乡试考官，六次为文武会试考官，故门下学子甚众，在文士中影响颇大。纪晓岚主持修书的次数更多，先后做过武英殿纂修官、三通馆纂修官、功臣馆总纂官、国史馆总纂官、方略馆总校官、《四库全书》馆总纂官、胜国功臣殉节录总纂官、职官表总裁官、八旗通志馆总裁官、实录馆副总裁官、会典馆副总裁官等。

纪晓岚编修《四库全书》期间，"自始至终，无一息之间"，其辛劳不言而喻，却受益匪浅。纪晓岚曾经写诗《自题校勘四库书砚》：

检校牙签十余万，濡毫滴渴玉蟾蜍。

汗青头白休相笑，曾读人间未见书。

《四库全书》修成后，纪晓岚迁礼部尚书，充经筵讲官。乾隆帝格外开恩，特许其紫禁城内骑马。纪晓岚六十岁以后，五次出掌都察院，三次出任礼部尚书。礼部尚书主管朝廷中的礼仪、祭祀、宴餐、贡举等事务，是教育和文化事业的一把手。

嘉庆亲政后，和珅被处死，纪晓岚得以重用。他立刻上奏天子为曹锡宝和尹壮图平反，并负责主持《四库全书》最后一部分官修书籍的补遗工作，使这部巨著更加完善。

嘉庆八年（1803 年），纪晓岚八十大寿，嘉庆帝派员祝贺，并恩赐礼物祝贺。嘉庆十年（1805 年）正月，授予纪晓岚大学士、加封太子太保荣誉头衔。一个月后，纪晓岚去世。

刘墉斗和珅

说完了纪晓岚，再说刘墉。刘墉斗和珅，在历史上记载颇多。刘墉的智慧和学识一直被人们称颂。

乾隆四十七年（1782年），钱沣上疏弹劾正在山东做巡抚的国泰，指其贪纵营私、索贿舞弊。他的这一举动令朝野震惊。

国泰是皇妃的伯父，又是和珅的死党，与乾隆帝、和珅、刘墉关系极为密切，在朝中树大根深。他先任泗阳县令，后又任刑部主事，再后任山东按察使，再后任山东布政使，1777年任山东巡抚，是权倾一方的封疆大吏。国泰伙同山东布政使于易简，贪赃枉法，挪用库银，残杀进省为民请命的进士、举人九名，造成山东各府衙门的国库亏空，社会经济停滞不前。

1782年初，阿桂和福康安联名上疏弹劾山东巡抚国泰，罪名是以向皇上纳贡的名义大肆搜刮钱财，下属几十个州县仓库亏空严重，建议乾隆帝将他调回京师为官。

乾隆帝找山东布政使于易简了解情况，于易简早与国泰狼狈勾结，当然极力为国泰辩白，坚称国泰被人诬告。乾隆相信了他，两次下谕说国泰并无劣迹，只是办事认真欲速见效之过。

江南的四月，芳菲无限，草木葱茏，一片生机盎然。道监察御史钱沣听说大学士阿桂的弹劾对国泰都没有起到作用，非常生气，他深知国泰的罪行，愤而上疏乾隆帝，再度弹劾国泰。乾隆接到奏折，立即委派兵部尚书和珅、左都御史刘墉、工部右侍郎诺穆亲为钦差大臣，前往山东，"秉公据实查办"。乾隆帝的安排看似阵容强大，实则是为了保护国泰。

几天后，乾隆猜想心领神会的和珅肯定对此案件处理安排完毕，就对军机大臣下旨，讲了查审国泰一案的方针和办法，表示和珅等人要"严切查究"仓库亏空之事。和珅等逐一对比印册盘查，自能水落石出。而索贿行贿之事，就比较难办，若双方都不愿如实陈述，可对各官晓谕，若伊等供出实情，其罪可从轻处理。此谕由六百里加急传谕和珅等人。

两天后，乾隆又传谕军机大臣：传旨令山东知府吕尔昌据实指控国泰、于易简的贪赃枉法，不许有丝毫欺隐，否则重惩。

钱沣对乾隆的障眼法很不放心，怕和珅会暗中动手脚，就与刘墉商议，他一个人微服先行，由刘墉稳住和珅。和珅、刘墉、诺穆亲三位钦差大臣则随后离京前往济南。

和珅对乾隆帝的意思深刻领会，判断刘墉肯定和自己同心，重点要提防钱沣。他极力袒护国泰，威胁钱沣。谁知钱沣丝毫不怕恐吓，认真查训。和珅只好秘密通知国泰，让他迅速做好准备。国泰于是用自己勒索地方州县所得银两，凑足了库银的数量。

和珅不知道，疾恶如仇的刘墉却暗地里和钱沣商议对付他和国泰的策略。

正直和邪恶两股势力的较量拉开了序幕，刘墉与和珅背道而驰。

和珅一行到达山东后，先盘查仓库。和珅命令差役抽视了几十封银，数量和册籍所载都相符，和珅便下令返回住处，实即表示已经盘查完毕，没有亏空了。这样钱沣的弹劾，就有可能被定为诬告，或以风闻言事。

关键时刻，刘墉站出来，提出将库封存，和珅同意。封库之后，一行人员便回去了。

和珅以为万事大吉了，他哪里知道，刘墉慧眼发现所验证的银子的成色不对。当时，大清国的仓库存放的银两，一律是五十两为一锭，银的质量很好，银色正常，可用来验证的却不是这样。银色的不正常，暴露出库存银子必然有诈，故建议将银库封存。

银库封存后，钱沣开始侦查，终于查到国泰大肆搜刮钱财之事实。

见此情景，和珅立即出卖了国泰，马上与刘墉、诺穆亲抓紧查审国泰贪纵不法案，结果查实国泰贪污索贿总计白银八万两。

和珅无奈，对天长叹，只能与刘墉一起如实报奏乾隆帝。乾隆帝大怒，命令刘墉、和珅缉拿国泰回京，并开仓赈济山东百姓。

最后，国泰被处以斩监候，秋后处决；押解于易简至京面审；革国泰、于易简等人官职。六月初，乾隆帝勒令国泰、于易简二人于狱中自尽。

刘墉和钱沣就想乘胜追击扳倒和珅，为国除害。他们把缴获的国泰写给和珅的密信交与乾隆，乾隆震怒，断喝一声："和珅，你可知罪？"

和珅顿时慌了，扑通跪倒在地说："皇上明察，臣此去山东，小心谨慎，秉公办案，深恐有负皇恩，求皇上明鉴。"

乾隆遂将那封密信交与和珅，看他如何反应。和珅一见密信，心中猛地一惊，表面上却不动声色。他装作不知就里，缓缓地打开信，很快就镇定下来，装出一副义正词严的样子对乾隆说："臣没有接到这封密信，倘若接到，臣一定会更加严惩国泰。"

乾隆的语气也和缓下来，问刘墉和钱沣在办理国泰一案时，和珅是否曾经从中作梗，阻挠办案？刘墉只得据实禀报，和大人并没有私情。乾隆立刻转忧为喜，说国泰这是一厢情愿要攀附和珅，和珅是国之大臣，料也不会做出这种不轨之事来。

和珅抹了一把脑门上的汗，终是逃过了一劫。

在与以和珅为首的贪污集团的较量中，以刘墉为首的正义人士终于大获全胜了一回！这对于以和珅为首的贪污集团是一个巨大的打击。和珅怀恨在心，从此处处刁难刘墉，总想找机会打击刘墉。

正好，乾隆因为无法向皇妃交代，也恨着刘墉。

跟和珅作对是没有好果子吃的，刘墉倒霉的日子来了。

和珅就是乾隆肚子里的蛔虫，他看得出来，乾隆恨刘墉太死板，让他颜面不好看，堂堂大清国的皇帝，连亲戚都保不住。故此，和珅就想利用乾隆除掉刘墉这个绊脚石，以绝后患！

从此，刘墉厄运连连。

乾隆五十二年（1787年）初，刘墉因为泄露他和乾隆帝关于评价当时另外两个大臣的谈话内容，不仅受到申饬，而且失去了本应获授的大学士一职。

同年八月，乾隆让刘墉主持祭拜文庙。他没有按规定行一揖之礼，受到太常寺卿德保的弹劾。

乾隆五十三年（1788年）夏天，发生乡试预选考试中学生向监考老师送礼的事，御史祝德麟弹劾监考老师黄寿龄受贿，祝德麟在奏折中

说："国子监考试惟刘墉、邹炳泰二人清介素著，诸生不敢向其馈送营求。"乾隆帝借题发挥，竟然弹劾了兼理国子监的刘墉，使他受到了不应该有的处分。

乾隆五十四年（1789年）二月底至三月初，连天阴雨，负责皇子教育的上书房诸师傅没有入值，乾隆帝恼怒异常，严厉责备时任协办大学士、吏部尚书、上书房总师傅的刘墉，将其降职为侍郎衔，不再兼职南书房。

乾隆五十八年（1793年），刘墉任会试主考官。因发生安排失当，阅卷草率，违制和不合格的卷子很多受到"严行申饬"的责罚。

嘉庆元年（1796年），大学士一职空缺，破格增补户部尚书董诰为大学士，资深的刘墉则被排斥在外。

刘墉的遭遇，就像疾驰的往事，被一只回忆的手攥痛，伴君如伴虎，官场如战场。

在刘墉所有的磨难中，与和珅在暗地里的操作和在乾隆面前搬弄是非、推波助澜不无关系。

刘墉明白，乾隆帝是在故意找碴儿收拾自己，他笑看云卷云舒，努力安抚满腹怒气的乾隆帝，极力与和珅的贪污集团周旋。

刘墉真的不容易。

终于有一天，刘墉飞扬的文采平复了乾隆帝的怨气。

盘山位于天津市蓟县，风景秀丽，素有北方江南之称。乾隆帝曾八游盘山，并留下了"早知有盘山，何必下江南"之句。

乾隆帝每次来游盘山，都少不了刘墉。似乎不带上他，就不能尽兴。

这次，乾隆帝率领刘墉等几个有文采的大臣去盘山散心。

此日，风和日丽，乾隆帝带来的戏班，正在山上面的"江山一览阁"大戏台上唱戏。乾隆帝一边听戏，一边思考。忽然他心血来潮，要群臣为戏台拟联。某大臣吟道：

"听律吕，点破世态炎凉；见衣冠，描尽人间冷暖。"

乾隆听后摇了摇头，这副对联生动传神地概括了戏曲的艺术规律，

对仗工整，寓意深刻，但过于文雅，缺少生气和活泼。片刻后，另一大臣吟道：

"似我非我，我看我我也非我；装谁像谁，谁装谁谁就是谁。"

乾隆嫌它粗浅，要求众臣再对。

戏台上在演《空城计》。诸葛亮端坐城楼抚琴饮酒，司马懿率领大军兵临城下。刘墉见此情景，忽然来了灵感，拂须吟道：

"三五人可做千军万马；六七步如行四海九州。"

乾隆很满意，此联平易朴实，不生涩难懂，却寓意深刻，雅俗共赏。乾隆帝兴致勃勃地命令刘墉立即笔墨伺候，将这副对联写好，挂在"江山一览阁"的大戏台两边的台柱上。

看完戏，乾隆帝率领众臣前行观景，忽吟道：

"密云不雨旱三河，虽玉田亦难丰润。"

刘墉一听，乾隆帝的上联用了蓟县周围的四个县名，刘墉很快对出了下联：

"怀柔有道皆遵化，知顺义便是良乡。"

下联不仅对仗工整，而且寓意深刻，简直就是妙对，乾隆帝赞赏刘墉。从此，乾隆帝对刘墉的火气逐渐消失了。

和珅却不放过刘墉，他深知有刘墉在就没有他的好日子过。

刘墉该如何与贪官和珅周旋呢？

刘墉虽然对贪官恨之入骨，且自己不屑与之为伍，但还知道对于贪官，就要投其所好！这并不是说要向和珅投降，这可不是刘墉的做事风格。

刘墉在国泰案件之后，立即主动与和珅讲和。怎么开始呢？总不能直接就表示服软，所以，刘墉就想起了自己的书法。说起刘墉的字，那还算是有名的书法家。史传其"书名满天下，政治文章皆为所掩"。

刘墉书法堪称大家，高于同期的翁方纲、梁同书、王文治等人，人们称翁、梁、王、刘"四大家"。刘墉的书法，初看圆润软滑，若团团棉花，细审则骨络分明，刚劲有力。刘墉精于小楷，具有擘窠大字的恢宏气象，结体不拘紧，点画洁净讲究。粗重与纤细交织恰当，略有行草笔意，很是生动活泼。后世人们称许他的小楷不仅有钟繇、王羲之、颜真卿、苏轼的法度，还深有魏、晋小楷风致，实不为过。

和珅总想得到刘墉的字。国泰案发生之前，和珅曾向刘墉索取字画，刘墉借故推托了。现在，刘墉同和珅明争暗斗，结怨甚深。和珅气焰正旺，刘墉反复思考，不可与其彻底撕破脸皮，就给和珅写了个条幅送了去。韬光养晦，暗度陈仓。当太上皇驾崩，和珅倒台，刘墉终于扬眉吐气。

刘墉政治家的韬略，坚硬的意志，就像新颖的火焰，凝望着不朽的足迹。

死对头王杰

乾隆时期，敢于同和珅斗争的许多大臣中，王杰的名字很响亮，他就像一把锋利的匕首，直"刺"和珅的胸膛。

王杰生于陕西韩城，历经清朝乾隆、嘉庆两朝，以正直立身，被誉为人瑞。

王杰与和珅同殿列朝的数十年，清正廉洁，出淤泥而不染，冠名于朝野上下；他机智敏捷，与和珅进行着不懈的斗争，终于扳倒这个巨贪，且笑到最后，作为主审官把和珅送上断头台。

王杰八岁丧父，孤苦中进入义学，由于他博闻强记，天资聪颖，得到崇尚张载关学的义学老师垂青，悉心教育栽培，不仅学习四书五经，还对地理、天文等自然科学有所涉猎，特别对张载的关学颇有研究。二十岁时，在县考、府考中脱颖而出，均名列第一，被当地人誉为才子。

韩城知府赵筠，十分赏识这个农家子弟的才气，竟然题词"旷代雄文"四字，悬挂于王家宅院，以示表彰，并赠王杰"伟人"的字号。

乾隆十二年（1747年），二十岁的王杰出外求学，就读于西安府的关中书院。王杰在这里遇到了一个对他终生影响巨大的关学大儒——孙景烈。

《清史稿》曾记载："王杰……初从武功孙景烈游，讲濂、洛、关、闽之学……学益进，自谓生平行己居官得力於此。"可见，从学孙景烈，不仅使王杰的学问、眼界得到极大提高，而且对其人生观、价值取向等，特别是入仕做官后的官风，产生了极其重要的影响。

乾隆二十六年（1761 年），王杰赴京考进士。

京城面试，考官出联考其答对。上联为"风吹竹叶龙摆尾"，王杰对"雨打梨花凤点头"，众考官皆称妙。殿试时，王杰的考卷排列第三，排在第一位的，是江苏阳湖才子，后来成为清代著名诗人的赵翼。乾隆皇帝阅王杰的试卷，看到字迹工整秀丽，书法超群，顿时好感大增；细看之余，又觉得笔迹眼熟，回想起跟大臣尹继善过去呈递奏折的笔迹毫无二致，自然十分喜欢，问询左右，得知此卷是常替尹继善誊缮奏疏的幕僚王杰所作。再询其人品，亦非等闲之辈，于是大加赞赏，特地将赵、王二人的名次做了调换，以昭四海升平盛业。

当王杰作为新科进士朝中觐见乾隆皇帝时，风度俊雅粲然，应对自如，给乾隆留下极佳印象。乾隆更以为圈点无误，遂当着王杰面赋诗以贺，其诗句有云："西人魁榜西平后，可识天心偃武时。"

于是，王杰成为清代陕西唯一的状元。

王杰中状元后，很快就被授为翰林院编修，不久被擢任为侍讲。他知识渊博、文采出众，乾隆特别赏识，也更看重其人的质、直、尚义。于是，就让他在上书房任总师傅，教皇子颙琰读书。

王杰在朝四十余年，历任吏、礼、兵、刑、工五部侍郎，迁左都御史，授兵部尚书。乾隆五十一年（1786 年），他被任命为军机大臣上书房总师傅，次年拜东阁大学士，管理礼部，成为当朝"宰相"。

面对命运之神的频频垂青，王杰明白自己的分量，身居清中枢机构十余年，牢牢记着乃师孙景烈的教诲，节身有制，性喜简淡，生活俭朴，粗茶淡饭。

王杰侧身庙堂，正是和珅权倾当朝的时代。他对于和珅因得宠弄权作威作福，构陷不攀附自己的同僚，以及贪腐等行为极其反感。

王杰不买和珅的账，且对此嗤之以鼻，引起和珅恼恨，千方百计地

在乾隆皇帝面前说他的坏话，整治他，乾隆深知王杰人品和操守，斥为"流言蜚语，不足听信"。和珅见乾隆这样维护王杰，陷害不成，掉转身来拉拢王杰。

一天，众大臣在朝房等候陛见，王杰坐在一个角落里搓手自暖，和珅走过来搭讪说："状元宰相，您的手若柔荑，真好！"王杰冷冷地回答："手是好，但不会捞钱，有什么好？"这一句话，便让和珅的笑容僵在了脸上。

和珅附庸风雅，在军机处值房中，将刚刚得到的一幅山水墨画挂出来，在同僚面前炫耀一番。同值的大臣都随声附和，说这幅画如何如何好，价值多少多少，好像真的要拍卖一样。只有王杰用蔑视的眼光看着这帮军机大臣们。想到白莲教起义正盛，清廷花了几千万两银子未能平定。他气冲冲站了起来，一把夺过和珅手中的画，说道："真没想到，贪墨之风一至于此。难怪教匪之乱多年不平。"这话一语双关，明指墨画是黑的，潜台词却是一个贪字。和珅臭显摆，却碰了钉子，顿时满脸通红，无言以对，只好悻悻离开，在场众臣无不感到分外开心。

和珅表面上忍受着王杰嘲弄，背地里批驳乃至弹劾王杰。并无时无处不在寻机报复他。有一次，和珅听说王杰在其家乡盖有"三王府""四王府"，立即如获至宝，得意忘形，顾不得弄清原委，便匆匆跑去乾隆帝那里告御状，说："王杰徇私舞弊，贪赃枉法，大奸似忠，欺君傲下，结党营私，罪当斩杀！"乾隆帝虽未全信，但也没有不信，遂密令亲信到陕西韩城，实地调查王杰在家乡的住宅。当那人来到王家住处一看，竟是"湫隘如寒士"。问起"三王府""四王府"是怎么回事，才知道这是当地人就其姓氏及排行，而作为一种开玩笑的称呼。待那人回京"以实密奏"后，乾隆帝哈哈大笑。随后，特诏王杰、和珅进宫，并对王杰说："卿为宰相，而家宅太陋。"随即"赏银三千两修之"。王杰虽不知是怎么一回事，但他谢绝了皇上的美意；而知道怎么一回事的和珅，却在一旁又惊，又怕，又后悔，恨无地洞可钻。

王杰在军机处前后十几年，此时正是和珅把持军机处、声势显赫之时。《清史稿》中记载："杰在枢廷十余年，事有可否，未尝不委曲陈

奏。和珅势方赫，军多擅决。同列隐忍不言，杰遇有不可，辄力争。上知之深，和珅虽厌之而不能去。"正邪不两立，最终在军机处形成了一种奇怪的局面，每天上班，军机处五大臣竟然不在一起办公，只有阿桂一个人在隆宗门内军机处值房，王杰与董诰在南书房，福康安在内务府造办处，和珅或在内右门内房间，或在隆宗门外靠近造办处的房间，即使随皇上在圆明园，仍不在一处办公。为此，御史钱沣曾专门上折奏请恢复旧规，让军机处大臣们集中在一处办公，遇事好商量，也免得司员们来回奔走请示，实际上矛头是冲着和珅的。乾隆虽然朱批"所奏是"，但却不了了之。

和珅对王杰恨之入骨，却拿他没有办法。

王杰做官数十年，虽侧身污浊的官场，却洁身自好，格外注重自身修养，既不贪财，也不好色，更不让自家人沾光。和珅抓不到他的任何把柄，他才能在豺狼当道、尔虞我诈的污浊环境中，逆风飞扬，以直立身，并立于不败之地。

"多行不义必自毙"，嘉庆四年（1799 年），乾隆驾崩，新皇嘉庆亲政，借宣遗诏传旨抓了和珅，让王杰主审。正月十三，距乾隆离世仅十天之后，嘉庆帝就宣布王杰主审和珅二十条大罪，下旨抄家。王杰审理后，依法判决和珅斩刑。嘉庆帝审查案宗，"犹以和珅尝任首辅"的缘故，不忍看着和珅身首分家，曝尸菜市口，将判决的斩刑改为保留全尸的投环自缢。

第九章　极尽谄媚之能事

惊波不在幽暗间，小人心里藏崩湍。

——（唐）齐已

唐朝的雍陶曾诗云："楚客莫言山势险，世人心更险于山。"

中国历朝历代的官场上，都充满了极尽谄媚之能事的官员。正直之人，往往被官场淘汰。苏东坡、王安石等才华出众又桀骜不驯的官员，都曾多次被贬谪，甚至被逐出官场。

和珅是历史上最大的贪官，他能在官场立稳脚跟，并获得乾隆帝的恩宠，爬上"二皇上"的位置，在清廷兴风作浪二十余年，最根本的原因，就是他极尽谄媚之能事，其溜须拍马的技巧实在非一般人所及。

他倾其所有，包括聪明睿智、学识才华，以及灵魂。在权力面前，他始终匍匐在乾隆脚下，却昂首挺立在万人之上。

他成为乾隆的理财能手，向乾隆进献香妃，将溜须拍马的本事发挥到了极致，也为自己挖掘了坟墓。

和珅就像一堆旺燃的篝火，胸前温暖，背后寒凉。

灵魂的陷落，穿越历史的烟雾，告诉了今天的我们什么？

远处的夜，依然苍茫，天上的月亮，像一个大大的叹号，呈现在人们面前。

理财成能手

明时凌蒙初曾说过："有钱神也怕，无钱鬼亦欺 。"

和珅做官二十余载，贪污腐化，坏事做绝，却一直被乾隆帝宠信着，除了他的聪明乖巧、溜须拍马的本事外，他敛财功夫也堪称一流，乾隆帝离不开他。

众所周知，乾隆好大喜功，讲究排场，又喜游玩，皇族的每一次盛大节日，耗费的银两都高得惊人。聚敛财富是乾隆之必需。精明的和珅看透了乾隆的心思，投其所好，以搜刮财富供其挥霍。他的这一举动，立即受到乾隆的赞赏，把他视为国之栋梁。

和珅做官不为国家和人民，只为皇帝。皇帝高兴，就是他的目的。

由于雍正帝的文治武功，社会一派欣欣向荣，乾隆朝国库充盈，过惯了富贵日子的乾隆，喜欢召集大臣们聚会，那种万人称颂的场面，总让他心旷神怡，难以忘怀。乾隆八次率众多随从到江南游历，排场之大，花费银子之多，让人瞠目结舌。这一切，没有钱怎么能行？

清廷规定：公事由户部出钱，私事则由内务府出钱。

按规定，皇帝的个人开支费用必须由内务府自筹，而内务府的财源有限，乾隆又喜欢排场，这样一来，入不敷出的现象就经常发生。钱不够花，只好向户部尚书借，次数多了，皇帝面子上也不好看。

唐朝张氏曾说："当今之世，非钱不行。"

和珅是溜须拍马的高手，他一眼就看出了门道，要让皇帝离不开自己，就得有足够的银子供他挥霍，满足他奢侈排场的需求。

和珅的脑筋不白给，脑子转得比陀螺还快。经过仔细的思考，敛财的门道有了，即巧立名目，利用权力命令官员和商人将财富进贡到乾隆和他那里而已。

和珅是聪明人，收的银子都要名正言顺。这样，乾隆才用得心安理得。

人只喜添锦上之花，谁肯送雪中之炭？和珅想出个好主意，拉大旗作虎皮。他举着"皇恩浩荡"的旗号，要求各地官员以向皇帝谢恩的名义"自愿"进贡，以示忠心。这个无懈可击的理由，立即让各地官员趋

之若鹜，搜刮民脂民膏以贡献朝廷，唯恐皇帝不知道自己的忠心。

当时，上自清政府各部官员，下至封疆大吏、知府、知县，以及盐商、行商、票商们，每年都要把他们搜刮来的大量钱财和稀世珍宝献给皇上，以此获得更大的功名，其行为达到了疯狂的程度。特别是每当皇太后、皇后、皇子、公主的生日时，和珅更是趁机搜刮钱财，而官员和富商也趁机表示忠心。不仅如此，朝廷还接受周边国家如朝鲜、安南、琉球、吕宋、缅甸、英国等使臣进贡的大量珍宝。

具有讽刺意味的是，乾隆曾几次下谕旨，制止进贡，可他的金库，却照收不误。

和珅在不太动用国库的情况下，满足了乾隆奢华享用的需要，乾隆十分高兴，有和珅这样聪明、能干的助手何乐而不为呢？他当然知道，和珅聚敛来的巨额财富，都是下面的官员挪用国库金银，再向人民巧取豪夺得来的，却睁一只眼闭一只眼，在歌舞升平中醉生梦死。

乾隆见全国各地的官员纷纷向自己表忠心、感恩戴德，自豪感越发膨胀，对和珅更是言听计从。

于是，和珅一举两得，自己也从中捞取钱财。

和珅广开财路，主意一个接着一个，后来竟然想出了"议罪银"这样荒唐的搜刮钱财的主意，但奇就奇在乾隆竟然不反对。

据清史料记载，议罪银指的是和珅独创的"议罪银"制度，即官员犯罪后，实行抄家罚没，或者代以"议罪银"，向内廷交纳数千两至数万两的银子，以赎罪免去刑法，说白了就是拿钱买命。罚没来的钱财85%上缴内务府，供皇帝及其内廷使用，只有少量上缴户部或用于国家财政。"议罪银"得到的巨额银两，有八九成是不入国库的。这一政策的实施，为皇帝找到了名正言顺的财源。这就为乾隆提供了用来挥霍的资金。和珅等于是为乾隆建造了一个金库，乾隆难怪这般信赖和珅了。

和珅为了弄到银两，还打起了税收的主意，清理各盐区拖欠的课税，加强各税关的征税力度。和珅在掌管内务府和崇文门税关时，控制得十分严格。为了能多收入、少开支，几乎成了"吝啬的富翁"，对钱财精打细算。为了增加收入，几乎到了"雁过拔毛"的程度。他所收税

的崇文门税关设在今崇文门外上三条至四条胡同之间。明朝时，北京内城九门均设有关卡，向过往客商、官员以及进京举子收取苛税。而到了清朝，则把九门征税改为崇文门统一征税，另设有几个巡查税口。崇文门税关的税务监督一职应该由内务府包衣出身的官员担任，但到乾隆时期，皇帝为了表示对某位大臣的青睐，往往把这一进财肥缺委任给他。和珅担任了这一职务，足以说明他是乾隆的宠臣。

陈康祺在《郎潜纪闻》中记载："天下榷税之关，以京师崇文门胥吏为最侈且暴。"按税务规定，凡小商贩携带的箕筐、笤帚、鞋袜、米面、布匹、菜蔬、瓜果、食物等物可免税入城。但上有政策，下有对策，实际上在具体操作时并非如此，而是照纳不误。当时京城一带的商民、百姓入城时，均在帽檐边上准备好两文钱，经过城门时税吏自行拿取，双方并无言语沟通，几乎成了一种"潜规则"。《燕都杂咏》中就有一首诗，讽刺了当时这种现象："税榷九门全，权归阉寺专；村氓挑负至，任取鬓边钱。"

崇文门税关不仅负责收税，还代替宫廷变卖被抄没的王公大臣等人的家奴和财产等。

和珅牢牢地把持着每年收入可观的崇文门税关，一直不愿松手。当他辞去了崇文门税务监督一职后，又让其子丰绅殷德接任，可谓换汤不换药。

和珅长期任崇文门监督一职，亲自抓京师税收。为了搜刮钱财，竟然按照进京官员的品级高低进行收费，后被弹劾，但幸有乾隆帝的祖护，终安然无恙。

和珅在乾隆中后期，还曾负责工程的财务监督。他精打细算，尽量节省资金，由他经手的工程实际费用都比预算低很多。如北京城中轴线上的青石路，和珅就向乾隆建议利用旧材料，节省了不少银子。乾隆高兴地夸他肯为国家着想，并将剩余的银两大部分划归自己的内务府，少部分赏赐给和珅，和珅更被乾隆看重，将一切维修重建事宜交由和珅全权处理。

和珅善于理财，有能力让内务府的腰包鼓起来，乾隆帝能不高看他

一眼吗？不仅是高看，还把军政大权也放心地交给和珅管理。

得到乾隆帝的认可，和珅已成为大清国不可替代的理财高手。

乾隆帝一方面过着奢华的生活，让内务府财务难以支撑，另一方面却又要以严谨勤俭、爱民如子的明君形象示人，这难不倒和珅，聪明的他总是想方设法地为乾隆想出敛财的办法，从而满足乾隆的虚荣心。当然，敛财本身就违反勤政安民的政策，老百姓不满也很正常，和珅和乾隆一个唱红脸，一个唱白脸，配合默契。乾隆在朝堂上冠冕堂皇地下令不要铺张；和珅却私下里疯狂敛财，接受各级官员的捐贡。而官员们也都知道，捐贡可以得到皇帝与和大人的青睐。

和珅长袖善舞，在乾隆后期，常常化解国家的财政危机，乾隆帝怎么能离得开他？

和珅的手段高明之处就在于，抓住皇帝的心，除了卑躬屈膝、逢迎拍马、厚颜无耻外，还要有别人替代不了的才干，那就是，主子交代的事情，必须办得漂亮，让其对自己产生依赖心理。这样，获得了恩宠，也趁机捞取大量的财富。那春风得意的威风，闪烁着虫蛾之梦的瘢痕，才是和珅奋斗的崭新的火焰。

有人认为，和珅的乖巧和溜须拍马，蒙蔽了皇上的眼睛。其实不然，如果和珅没有过人的能力，碌碌无为，能欺瞒得了明君乾隆？况且，人才济济的大清国朝廷上，如果他没有过人之处，是没有机会脱颖而出的，更不可能平步青云、恣意弄权。

和珅聪敏练达，善于理财，能够源源不断地供给乾隆大量金银财宝，供其消费挥霍，再加上他极尽谄媚之能事，善于揣摩乾隆心思，每每所作所为迎合圣意，使乾隆的满意和放心日久弥坚，晚年更是达到了"依毗益笃"的程度。他把整个国家的财政大权都交由和珅一人把持，先后让其担任户部侍郎、户部尚书、内务府大臣等职务多年。和珅兼职太多，也受到过大臣们的非议，乾隆才忍痛割爱，让他辞去户部事务。乾隆五十五年（1790年），乾隆八十大寿，和珅理所当然是操办庆典的主要负责人，当然他也想乘机大捞一笔。于是让各级官员纳贡，以此讨乾隆欢心。

作为一代明君的乾隆，明知道和珅的贪污行为，却听之任之，为什么？

乾隆把和珅看成是招财进宝有方的财神爷，缺钱、用钱就向他要。

和珅则打着乾隆的旗号，发号施令，趁机大捞特捞。

乾隆离不开和珅给自己撑面子，和珅也离不开乾隆给自己撑腰。

君臣配合得如此之妙，让世人坚硬的怀想已渐渐暗弱。

历史上的这一幕，留给今人怎样的思考？

和珅献香妃

和珅的谄媚，是多方面多角度的，除物质的、精神的之外，还有就是进贡美女。

乾隆帝时期，西疆叛乱，福康安与兆惠赶去奋勇平叛，得胜回朝。负责粮草供应的和珅，见到俘虏中有一个绝色美女，便向兆惠将军打听她的身世。兆惠告诉和珅，她是叛军的家属，父兄均已降服。她身体有天然花香的味道，被人称为伊帕尔汗。

和珅马上想到若将此女进献给乾隆，岂不是妙事？他赶紧密奏皇上，乾隆大喜，叫和珅引这名女子入宫觐见。

乾隆见到此女后，但觉对方真乃天姿国色，人还未到跟前，就闻到若有若无的香味。可这名女子却并不下跪，面色冷艳，眼中含泪。和珅命她下跪，她跟没有听见似的，默默无语。乾隆心中喜欢，赶紧制止和珅，将女子以入宫为奴的理由，纳入后宫。乾隆封她为贵人，又因其体有异香，也称香妃。

香妃进宫不久，从南方移栽到宫内的荔枝树，竟然结出两百多颗荔枝。乾隆认为这是香妃带来了祥瑞，越发喜欢。香妃总是冷若冰霜，从来没有见她笑过。乾隆问她原因，香妃表示，臣妾国破家亡，已是俘虏，请赐妾一死。

乾隆无奈，只好召和珅来想想办法，和珅皱着眉头，沉思片刻，认为是香妃思念家乡所致，遂建议乾隆在西苑建造一座模仿香妃家乡的建

筑样式的宫殿，有花园、街道、清真寺，选西域的奴仆伺候，让她找到家乡的感觉，定能回心转意。

乾隆觉得和珅此计甚妙，当即下诏，令兆惠在西苑督造宫殿。宫殿建好之后，乾隆十分满意，赐名"宝月楼"，并赋诗一首：

冬冰俯北沼，春阁出南城。

宝月昔时记，韶年今日迎。

屏文新莆禄，镜影大光明。

鳞次居回部，安西系远情。

一切安排好之后，乾隆来到西苑香妃寝宫，与她一起登上宝月楼。香妃从楼上望去，彻底惊呆了，曾经多么熟悉的景象，一下子在她眼前出现。楼下传来的欢声笑语，是熟悉的乡音，还有精致的礼拜堂和沐浴做礼拜的人，心里一阵激动，脸上浮现出会心的微笑，犹如一缕阳光照耀，这是乾隆之前没有见过的。

乾隆见和珅此计奏效，龙颜大悦，称赞和珅。但是令乾隆意想不到的是，家乡的景物，初时还能令香妃高兴，不久她又再次请求乾隆帝赐死。皇太后知道后感慨半晌，终于下定决心，传懿旨掩了宫门，吩咐香妃到后花园自尽。香妃淡然赴死，背影从容，举止优雅，观者无不动容。

和珅在宫中的耳目太监，慌忙告知和珅，和珅连忙禀报乾隆，乾隆从天坛急急赶回，却已来不及，香妃已然魂飞天国，体温尚存，肤色如生，异香不散，就如睡着一般。乾隆痛惜，却挽不回香妃了。悲伤的乾隆在墓前立一石碑，上刻"香冢"两个大字，同时在石碑背面刻了一首词：

浩浩愁，茫茫劫；

短歌终，明月缺。

郁郁佳城，中有碧血。

碧亦有时尽，血亦有时灭，一缕香魂无断绝。

是耶，非耶？

化为蝴蝶。

南巡溜须记

官场上的互相倾轧和尔虞我诈，似乎普遍存在，溜须拍马就更加司空见惯。和珅的溜须拍马，像荒草，可以出没在任何地方。他站在巨大的阴影里，面孔冰凉，窥视着一切机会，惊艳和追随，在夜色里苍茫，和珅被高低不平的荒草所淹没。

乾隆喜欢玩，他常常外巡活动，和珅总是一马当先。

出身寒微的和珅，第一次跟随乾隆出行，是在乾隆四十年（1775年），那个时候的他仅是个銮仪卫小侍卫，扈从乾隆临幸山东，旅途中，他有了和乾隆交谈的机会，他的机智和聪慧，文静儒雅的相貌，给乾隆留下了深刻的印象，从此平步青云，周旋于帝国的官场。

乾隆四十四年（1779年），乾隆帝在宫里坐不住了，他仿佛看见唐诗宋词、元曲明画中描绘的江南，在眼前风中穿过，那是他王朝的味道，在他的江山里美丽和浩荡。他手握折扇，临风站立，再去游玩一番，该是多么的惬意！和珅似乎是他肚子里的蛔虫，适时地为他筹划了第五次南巡。出发前，和珅给出任泗阳县令不久的国泰写了一封密信，告诉他皇上此次南巡，要去祭祀孔庙，定会途经泗阳县。命国泰筹建一处行宫，皇帝一定对他另眼相看，如能官升一级，岂不是两全其美？

刚刚依附于他的国泰接到来信，感觉到了和珅有意要提拔自己，非常感动，马上筹集资金，调集全县的能工巧匠，加班加点在泗阳县城五十里的地方修建了一座行宫，专等乾隆帝的到来。

乾隆一路上游山玩水，入山东、祭孔庙。然后一路向南，途经泗阳县境内的时候，"偶然"发现了一座优美别致的建筑，乾隆见了非常高兴，特意放慢行程。和珅看他有留恋之意，知道计划成功了，趁机上前启奏："泗阳县令国泰日夜感念皇恩浩荡，为聊表孝心，特意在此地为皇上修建了一座行宫，盼望皇上驾临。他已将行宫的大致绘图给臣看过，亭台楼阁美不胜收，臣觉得绝非一般的园林美景可比。今日皇上路过此地，何不前去欣赏一下这里的物阜人丰、人间美景？"

乾隆闻听和珅这样说，高兴地下令入住行宫。

乾隆进入行宫，只见其内部修建得精巧别致，绝非寻常手笔。园

中借助山林中原有的溪流因地制宜，令溪水在亭榭间纵横交错，迂回曲折，竟没有半点人工雕琢之态，浑似天成。而那些亭榭也清幽可人，少了些许俗气，令见惯豪华铺张的乾隆不由心旷神怡，顿生身处世外桃源之感。乾隆久居皇宫，哪见过这等景色？高兴之余，当即命和珅召见国泰。国泰面见皇上，因为早有准备，更是从容应对，不仅把本县说得民富安康，而且奉承说这都是皇上治理有方，恩泽所惠，实在是万民之福。期间表现得沉着稳重，再加和珅在一旁赞不绝口，两人轮番夸赞乾隆，乾隆心花怒放，一高兴就马上降旨擢升国泰为道台。国泰自是感谢隆恩，连呼万岁。同时，也免不了对和珅感恩戴德，又给和珅送去了大量的金银，对和珅从此言听计从，绝无二心。

和珅溜须拍马的功夫炉火纯青，既得到乾隆的青睐，又收复了死党国泰，更使百官千方百计地向他靠拢，紧紧团结在自己周围，形成了一个强大的关系网。

一举三得的和珅好不得意！

乾隆在皇宫里徘徊，焦躁和惆怅溢满了胸怀，枯燥乏味的皇宫生活，让他再也忍不下去了。疲倦中的食指轻弹，惊起的飞鸟，让宫墙不远处的池塘也泛起了涟漪，他仿佛听见了那朵来自江南的云的呼唤，那一枚枚落叶重复着旧时的旅痕。一旁的和珅看在眼里，他知道，乾隆皇帝又打起了南巡的主意，却顾虑资金的来源和怕落下贪图享乐、挥霍无度的名声。其实，出去走一走，看一看，考察一下自己多年统治下百姓的富足生活，又有什么不可以呢？至于经费，有我和珅在还有解决不了的问题吗？

从雕花木格窗和门的细缝挤进来的细碎阳光，像一个意犹未尽的省略号，摊在和珅的面前，

替乾隆排忧解难，他高兴了，和珅才有好日子过，这个和珅比谁都懂，他穿过那些斑驳的光线，走到乾隆身边，谦恭谄媚地建议他去江南查看百姓的生活。他的巧舌如簧，江南各地物产丰盛，官员和富商们承蒙皇上圣恩，才得以一切安泰，故早就有心回报恩泽，若皇上垂驾江南，一应费用，都由江南的官员和富商们承担。这样一来，可以不必动

用国库之财，那些说皇上享乐的人就无话可说了。乾隆大喜。他当然知道和珅与江南各级官员打的什么算盘，但和珅的话不无道理，这么为他着想，实在令人感动，当即令和珅全权安排南巡事宜，御驾即刻起程。

和珅见马屁拍到了点子上，直夸自己聪明。只要不失去皇帝的恩宠，就是憧憬和希望。他立即总领南巡事宜，向江南各地发出通知，言明皇上要巡视江南，各地官商务必细心准备，明里暗里地暗示鼓励商人捐钱捐物，作为皇上一路上的花费。江南官员见皇上南巡，又是和珅的主意，谁敢怠慢？这不仅仅是谄媚皇上的好机会，还是大捞一把的时机。当官的只管自己官位，谁管百姓死活？纷纷不惜工本大兴土木，唯恐皇帝不满意；还有的官吏，大肆进贡，讨好和珅和皇上，以谋得升迁。

一股送礼之风，在江南平地刮起。为此，负重的百姓们服徭役，出工，出钱疏通运河、建造行宫、修葺龙舟，以供乾隆玩乐。

江南被装扮得焕然一新，只等皇上的到来。

在这无数美景的后面，是百姓极大的愤懑和怨声载道。

乾隆终于南巡了，所经之处，一片莺歌燕舞，烟火照亮湖水和白墙黛瓦，百姓纷纷跪拜谢恩，乾隆的自尊心、虚荣心都得到了极大满足。那秀丽的景色让他陶醉。大清国的气象实在气派，得意之间又作诗多首，在匾额上留下龙飞凤舞的墨迹。

在和珅的精心安排下，乾隆还到曲阜祭拜了孔府、孔庙和孔林，向天下人表明他尊师重道的仁德之心。

这次江南之行，没动用国库一分一毫，而江南千百万百姓的血汗，都转化为和珅的功劳，乾隆对他更加器重，任命他为户部尚书，把整个大清国的财政管理权都交到了和珅手中。

民谣曰："苏杭熟，天下足。"自宋明以来，江浙一带加上南巡必经的直隶、山东等省，全都是物产丰富的地方，是整个国家的命脉所在。因此，乾隆要趁南巡的机会巡视河道，摒除水患，发展农业。

乾隆的想法，和珅却早看透，他总是力排众议，劝说和安排乾隆南巡。每次南巡，他发挥特有的作用，解决财政上的问题，使乾隆玩得

高兴，走得顺心。当乾隆又一次以"观民省方，勤求治理"的名义开始南巡的时候，和珅马上表示，内务府只需要出御驾的日常费用，其他的绝大部分开销全交由他一人筹措。和珅立刻传令各省的督抚、盐政、河督，命他们建造修葺行宫，抓紧时间建造龙舟。水路旱道俱已疏通，行宫园林也都建好了，各地的龙舟摆满了运河，达几千艘。和珅自己未出一分一文，就将一切置办妥当，使乾隆龙心大悦，赞赏和珅精明能干。

这次南巡，所到之处，和珅与乾隆形影相随，御驾经过的地方，各地官员全都跪拜接驾，和珅站在乾隆的身边，显得更加威风凛凛，和珅又借此向地方官展示了自己在乾隆面前非比寻常的地位。

扬州素来为"淮左名都，竹西佳处"，自古就是繁华烟花之地。

乾隆每次南巡，必经扬州。慧国寺、倚虹园、致佳楼、恰情堂、法净寺等名胜，都留下了乾隆的足迹和匾额墨迹。在乾隆到来之前，和珅就已亲自命扬州的官员布置皇上要经过的大街小巷。当乾隆踏上锦毡，看着街道两旁挂满了飘飘荡荡的丝绸，对和珅的喜爱更添了一层。乾隆驻跸的行宫修葺一新，在行宫内开凿了两个人工湖，太湖石砌成的假山，各种林木枝叶摇曳，新的嫩绿，新的苍翠，极尽江南园林之美色。乾隆夸赞和珅的精明能干，恩宠再加一等。

和珅借助皇威，大肆勒索盐商们银两，同时，又借盐商们的富有，讨好了乾隆。

和珅左右逢源，足智多谋，哄得乾隆团团转，忘却烟尘。

乾隆南巡，花费巨大，谁来埋单，当然是百姓，得好处的却是和珅。

拍马屁技巧

和珅善于拍乾隆的马屁，得到的好处说不完，这是世人皆知的。

却很少有人知道，和珅拍马屁的技巧。

俗话说，拍马屁拍到了马蹄子上。是说没有拍到地方，惹得对方翻脸。

和珅的聪明在于，他深知人性的弱点——爱听好话。皇帝也是如

此。跟在皇帝身边，一味地讲真话，肯定会惹得皇帝恼怒，轻则失去皇帝的宠信，重则引来杀身之祸；可对皇帝说假话，溜须拍马、阿谀奉承，甚至不顾事实、一味吹捧，也会引起皇帝的不快甚至是猜疑，让人觉得另有企图，失去君主的信任。因此，和珅有和珅拍马屁的技巧，他说的"真话"，皇帝喜欢听愿意听。

乾隆心机深重，那些虚妄不实的谀词，非但讨不到便宜，还会遭到斥责。和珅深谙此道，所以，他说"真话"，说皇上爱听的"真话"。

乾隆爱附庸风雅，喜欢与人谈论文学诗词。和珅就在乾隆面前评古论今，引经据典，乾隆爱听。觉得他学识渊博，且勇于直言。

和珅知道，乾隆执政成就颇丰；他生平性喜吟诗作赋、撰文著述。他评价自己时曾说："更慎思之，三代以上弗论矣，三代以下，为天子而寿登古稀者，才得六人，已见之近作矣。至乎得国之正，扩土之广，臣服之普，民庶之安，虽非大富，可谓小康。且前代所以亡国者，曰强藩，曰外患，曰权臣，曰外戚，曰女倡，曰宦寺，曰奸臣，曰佞幸，今皆无一仿佛者，即所谓古稀之六帝，元明二祖，为创业之君，礼乐政刑有未遑焉。其余四帝，予所不足为法，而其时其政，亦岂有若今日哉，是诚古稀而已矣。"言外之意，乾隆说自己是前无古人的千古第一明君。和珅抓住了乾隆林林总总的爱好中的主要部分，游刃有余地穿梭其中，常常能博得乾隆的称赞。

和珅的精明在于摸透了皇帝的心思，乾隆喜欢听什么他就说什么。当他看见乾隆喜欢自己与祖父康熙帝、父亲雍正帝相比，他就研究康熙和雍正帝的一生，常常在乾隆面前夸赞圣祖康熙、雍正的文韬武略，特意把乾隆一朝开疆拓土、靖边安民、黄河青山、万马千军的功绩与康熙帝的功绩进行对比，特别强调乾隆的气魄不输给秦皇汉武，文采更加出众，写作诗歌众多，连唐宗宋祖都"略输文采"了，言语中肯，常常说得乾隆心花怒放。

乾隆在他的巧嘴花舌的言语中仿佛看见圣祖康熙时期，看重的是骑射和骁勇善战的武功，而在吟诗作赋上，则无法与自己相比，乾隆沾沾自喜了。自己在治理国家上不输圣祖，卓有政绩；在文采上更是略胜

一筹，想想世人对康熙的夸赞，他似乎看到了后人对自己的无限仰慕之情。乾隆的虚荣心理，得到了极大的满足。

和珅讲皇帝爱听的"真话"，轻而易举地博得了乾隆的欢心，让乾隆对他的恩宠与日俱增，一生都不曾改变。

俗话说："知人知面不知心。"人的内心世界最为复杂多变，难以揣测，和珅却能够揣摩皇帝的心思，轻易地将他控制在股掌之中。这样，拍起马屁来，岂不百发百中？

和珅常在乾隆身边，观察他的一举一动，总结他的脾气秉性，慢慢地，就将乾隆揣摩得一清二楚，所以，和珅办的事，说的话，都恰好落到乾隆的心坎上。

当和珅还在咸安宫官学念书的时候，就听说乾隆爱吟诗作对，他已经开始研究乾隆的御诗。从他的文学诗作中，似乎隐隐觉察到了乾隆当时的心境。贵为人君的乾隆，也像普通的诗人一样，常常通过诗作宣泄自己的情绪。和珅对乾隆所有的诗都了然于胸，能够准确领会乾隆的意思。他还刻意模仿乾隆的笔法，与他一起作诗吟对，特别讨乾隆的欢心。

和珅了解到了身为万圣至尊的乾隆鲜为人知的内心世界。知道了他的喜怒哀乐，以及种种小毛病，如强烈的虚荣心等，所以，拍起马屁来，就游刃有余了。

和珅为了巩固乾隆对自己的恩宠，和乾隆攀上了儿女亲家，他的儿子丰绅殷德娶了乾隆最喜爱的固伦和孝公主为妻。和珅对待固伦和孝公主，就像对朋友的孩子一样，在恭敬中透着一份关爱和亲切，使她的童心得到了满足，而作为父亲的乾隆也非常高兴。

乾隆作为大清的一代君主，附庸风雅，他性喜收藏古董，见了稀有的画册、墨迹，比见到多少金银还高兴。和珅迎合他的喜好，利用各种机会四处搜罗古董、名画和墨迹，各地的官员、富商进献给他的珍稀古玩，留下自己喜欢的，其余的进贡给乾隆。

清史记载，乾隆四十五年（1780年），"京城内有佛铺子，互相买卖，朝臣用此作为贡献，皇帝亦以此赏赐朝臣，千秋节晨朝，有进贡覆

黄帕架子，盛以金佛一座，长可数尺许，异入阙中，闻是户部尚书和珅所献。"

乾隆末年、嘉庆初年，襄阳地区发生了白莲教起义，声势浩大，清廷震动，令已经禅位归政的乾隆寝食不安，耿耿于怀。

有一天乾隆单独召见和珅。和珅进入后宫，看见乾隆闭着眼睛面南而坐，口中念念有词，只有嘉庆一人在。嘉庆竖起耳朵，努力想听清楚，却终究听不清楚，遂不明所以。过了一会儿，乾隆忽然睁开眼睛大喝道："那人叫什么名字？"跪在地下的和珅不假思索立刻回答道："徐天德，苟文明。"乾隆于是不再言语，继续闭起眼睛默默念诵着什么，过了一个时辰才打发和珅出来，其间并没有同和珅说一句话。嘉庆吃惊不小，几天后，秘密地传见和珅，问他父皇召你进宫，他说的是些什么，而你回答的那六个字又是什么意思？和珅颇有些得意，告诉嘉庆太上皇念诵的是西域流传的一种秘密咒语。据说，默诵这种咒语，被诅咒的人即使远在几千里之外的地方，也会突然死去，所以，当时太上皇问及的时候，我用白莲教匪首徐天德和苟文明的名字来应对，他当然满意。嘉庆听了，更加惊愕，没想到和珅竟然擅长这种妖术，所以等到乾隆驾崩之后，没几天就把和珅诛杀了。

和珅的马屁拍得如此炉火纯青，竟然能够与乾隆心灵相通，深明其意。由这件事，可以窥见和珅对乾隆已经到了"心思一动，无所不知"的程度，乾隆又怎么能不把他视为左膀右臂呢？

第十章　幸福港湾里拼搭梦幻楼台

对于亚当而言，天堂是他的家；然而对于亚当的后裔而言，家是他们的天堂。

——伏尔泰

塞内加曾说过："有些罪恶与美德是近邻。"

和珅是中国历朝历代最大的贪官，他像狼一样地搜刮民脂民膏，使帝国官场的贪污腐败如海潮般一发而不可收，他贪婪的嘴脸，鬼魅一般的骇人，正如大学者章学诚所说："自乾隆四十五年（公元 1780 年）以来，讫于嘉庆三年而往，和珅用事几三十年，上下相蒙，惟事婪赃渎货，始如蚕食，渐至鲸吞……官场如此，日堪一日。"和珅的贪腐行为，使大清帝国的政治秽乱不堪。

这样一个罪不可赦的恶人，在家里，却是好丈夫、好父亲、好兄弟。人性的多面性，由此可见一斑。

和珅把家庭看作爱的港湾，把理解当作爱的基石，把包容当作爱的表现，那幸福就是爱的果实。

他和结发妻子冯氏的爱情，情真意切；

他疼爱自己的子女，把如山父爱，撒进他们的心里；

他疼爱的姬妾，为他竟然以死殉情；

他和弟弟和琳的感情，如同手足之亲。

和珅的家庭是幸福的，他在幸福的港湾里，拼搭着梦幻的楼台。

李白在《相和歌辞·子夜四时歌四首·夏歌》里写道："回舟不待月，归去越王家。"

当耀眼的繁华，烟花般坠落，和珅费尽力气拼搭的梦幻楼台也随之倒塌。他挚爱的亲人们，受他牵连，走向了万劫不复的深渊。

他的爱，意义何在？

夫妻情义深

家庭是父亲的王国，母亲的世界，儿童的乐园。

和珅的家庭是幸福的，他知道黄金有价情义无价。他爱妻子冯氏，从结婚那天开始，两个人情深意笃。他在追求名利、混迹官场的同时，对家尽了一个男人的义务和责任。

当他站在自家的楼台上，望着花园里曲水流觞，翠亭阁榭，居室里槅子中间，镶着轻薄的夹纱，以及双面绣的图案上缠枝花卉，那份清雅，总是浓淡相宜。这时，妻子冯氏总是端来茶，和他轻声细语，那份祥和的气息，充满着他的心，家居的温暖，让和珅沉醉其中，宛如梦幻出现。

是的，和珅是人，他有自己的梦想，如果说，升官发财，受到皇上的恩宠，是他的大梦，那么家就是他的小梦。他在幸福港湾里拼搭梦幻楼台，安稳，妥当，与梦严丝合缝。现世安稳，岁月无尽。围城里的他，体悟着人生的华丽深邃，梦就超前延伸。

那是小儿子生病夭折后，夫人冯氏悲痛不已，从此一病不起。和珅在悲痛中，暗暗在心里发誓，一定治好夫人冯氏的病。身居高位的他，遍请天下名医，谁知身上的病可以治，心里的病却无法医治，和珅忧急万分。

冯氏是在和珅最为穷困潦倒的时候嫁给他的，给了他无限的温暖和慰藉。和珅对冯氏的感情是真挚而深厚的，他甚至对天起誓，说如果谁治好夫人的病，他情愿舍弃一切家财，可惜冯氏太过悲痛，病入膏肓，无力回天了。

嘉庆三年（1798 年），冯氏的病情更加严重，和珅眼睁睁地看着消瘦下去的冯氏，却无能为力。

面对孤灯摇曳，和珅想着密室里堆满的奇珍异宝、黄金白银，心底的痛如同裂帛般脆响，爱妻冯氏憔悴的面容，在眼前梦幻般地迭出。金银财宝又如何？能换回冯氏的命吗？他对天长叹，寂寞与凄凉，从心底升起，冰得他不禁打了个寒战。

岁月的残酷无情，似乎告诉他，位高权重，金银财宝，都不能让冯

氏的病情好转。就像满庭的黯淡尘光，在风竹萧瑟中，渐渐地逝去。

和珅在心中祈求上苍可怜夫人冯氏，给她阳寿，让她健康地陪伴自己。

这年七夕，和珅安排了一个盛大的祈福活动。豪华的和府中搭起了彩棚，青案供着"牵牛河鼓天贵星君"和"天孙织女福德星君"的牌位，青烟缭绕中，和珅和病中的冯氏跪倒在青案前，诚心向"牛郎织女"祈祷，希望感动牛郎织女这对神仙眷侣，让冯氏的病好起来。

和珅听见寒风穿过夹道，发出呜咽的长啸。

人的命，天注定。这世上没有和珅更能体会这句话的含义了。他的祈福，没有感动牛郎织女，冯氏的病情进一步恶化，咳嗽不止，那一口口带着血丝的痰，让和珅的心，颤抖不已。

和珅不死心，他听说鬼节这天幽冥地府的群鬼都要出动，有可能索去病人的性命，这怎么可以呢？

鬼节这天，心身疲惫的和珅为鬼神准备了丰盛的宴席，祈祷饶恕他的罪恶，放过善良的冯氏。

冯氏终于熬过了鬼节，和珅更是欣喜若狂。冯氏的病会慢慢好转的，他坚信不疑。

乾隆帝知道和珅对夫人情深义重，特别恩准他不必上朝。

那段日子，和珅几乎每天都陪着夫人，一惊一乍，心里总是七上八下的。他怕病中的夫人寂寞、苦闷，不断想出法子逗夫人一笑。

在和珅的内心深处，承载着对冯氏不泯的深情。

中秋节到了，在这个万家团圆的日子里，和府张灯结彩，丰绅殷德、公主等人向冯氏行跪拜礼，冯氏高兴地有说有笑，脸上泛着难见的光彩，和珅高兴，大赏奴仆。仆人们自从冯氏病重后就没见到和珅有过好脸色，今日获了赏赐，也是欢天喜地。

和府一派祥和。

夜色朦胧，月光如水。和珅和冯氏四目相对，冯氏看和珅消瘦的脸庞，她知道，那是为了她的病四处奔波的结果。这些天来，他疏于朝

政，睡眠不足，劳心劳神，真是苦了他了，无限的柔情从心中泛起。

此时的和珅，望着冯氏那高兴的样子，似乎回到了新婚喝交杯酒时的情景。就这样，两个人互相握着手，四目相对。

两人沉浸在两情相悦的幸福之中，和珅抱着冯氏，默念着"执子之手，与子偕老"的句子，任泪水在眼眶里打转。突然，他看见冯氏嘴角带着笑意，慢慢地闭上了眼睛，心中一阵剧痛，他最爱的那个人走了！巨大的悲伤摄住了他的心。

天上的明月啊，你为何和那盏在风中摇曳的白纱灯相互映照？

冯氏是和珅的"贤内助"，是他最幸福的港湾。

和珅的发迹与冯氏是分不开的。和珅敬重冯氏，除了冯氏娘家有恩于他之外，最重要的是冯氏给了他在幸福的港湾里，拼搭梦幻楼台的机会和温暖巢穴。

冯氏与和珅结婚二十余年，早就超越了一般夫妻的感情。冯氏为他生儿育女，默默关心照顾着他，当和珅伏案阅卷或挥墨如撒的时候，红袖添香的冯氏，给了围城里的和珅独坐幽篁、采菊东篱的轻松和精神的通透。在她病重期间，念念不忘和珅的腰腿疼病，千叮咛万嘱咐他保养好身体。使看惯了官场倾轧的和珅，从妻子身上看到了自己人性化的一面。只有在冯氏面前，和珅才能坦坦荡荡，感受到人生的意义。

冯氏就像和珅的一面镜子，帮助他审视自己，她是他的精神图腾。

冯氏的去世，给和珅的打击非常大，他迷失般的惆怅，让他精神不振，萎靡了很久。

安葬完冯氏后，和珅一直保留着冯氏居室的一切，东西都按原样摆设，以寄托自己的哀思。

冯氏居住过的寿椿楼，是和珅和丰绅殷德时常去的地方。他常常在那里独坐，屏息敛气，他看见冯氏在清冷的空气中悠然飘过，冯氏留下的气息，混合在阳光和风里，一缕一缕进入他的肺腑，温和散漫，就像一杯清茶，恍兮惚兮，柔和迷离，他的凭吊和怀念，令人感动。如果冯氏九泉之下有知，也可瞑目了。

父爱高如山

也许，人们一提到贪官就想到狼一样的贪婪和残忍。其实，人是具有多面性的复杂动物。和珅在乾隆的庇护下，为所欲为于官场，不仅自己大贪特贪，还带动一大批腐败官员争先恐后地搜刮民脂民膏，使帝国官场腐败大潮一发不可收，帝国政治从此秽乱不堪。这样一个十恶不赦的人，竟然是个极重感情的人，对妻子、兄弟、子嗣情深意长。

也许，位高权重的和珅，希望和家有更多的子嗣继承庞大的家产，更希望和家人丁兴旺，香火绵长。

和珅的长子生于乾隆四十年（1775 年），由于长得眉清目秀、聪敏乖巧，被乾隆帝看中，于乾隆四十五年（1780 年）被赐名丰绅殷德，并指为十公主的额驸。乾隆五十四年（1789 年）与固伦和孝公主完婚，命为御前行走。次年授散秩大臣。乾隆五十六年（1791 年）二月管理御茶膳房、造办处事务，同年四月兼武备院卿。乾隆五十八年（1793 年）调任奉宸院卿，次年升任正黄旗护军统领。乾隆六十年（1795 年）兼任内务府大臣。嘉庆元年（1796 年）兼任总理行营事务大臣。次年二月兼任銮仪使，八月任正白旗汉军都统，仍兼护军统领，监督崇文门税务。丰绅殷德在乾隆与和珅的照顾下一路升迁，可谓一帆风顺。

丰绅殷德是和珅唯一成人的儿子，更是乾隆帝亲自挑选的乘龙快婿，是他与乾隆帝拉近关系的纽带。和珅尽心尽力关爱和培养丰绅殷德，他聘请了侍郎吴省兰、李潢、太仆寺卿李光云以及窦光鼐等，来做丰绅殷德的家庭教师。因此，丰绅殷德的文化素养、道德修养、诗书礼仪方面的素质非常高。《延禧堂诗钞》辅国公思元裕瑞序中曾称丰绅殷德："性情敬慎谦光，慷慨磊落，于友道尤笃"，所作诗"珠圆玉润，高旷清灵，从来无一丝纨绔气，且措词庄重谨密，温厚和平。"张从孚虚舟《挽天爵道人》序中也称赞丰绅殷德："为人持重老成，不苟言笑，所学淹有群籍，博通条贯。其为文为诗为字，朗圆幽秀，士林重之。"

丰绅殷德成年后，和珅亲自规划他的发展，曾在嘉庆元年安排他前往湖广地区视察军事；让他担任事务性较强的总管内务府大臣，参与管理宫廷事务；通过调换不同的岗位锻炼他的才干；有意让儿子走出皇宫

增广见闻，历练才干，为将来的发展奠定坚实的基础。可以看出，和珅是把丰绅殷德作为自己的接班人来培养的。

但世上的事物千差万别，和珅父子虽情深意长，两个人的秉性却不同。和珅对权力和财富的追求，欲望强烈，而其子丰绅殷德却看得很淡。

有诗为证。丰绅殷德在嘉庆二年（1797年）《即事》诗中写道："嗟哉名利子，富贵何足恃。一朝难掩瑕，百口交谇毁。前车已颠覆，后车每同轨。达者能见几，豫事辨臧否。"同年秋，他又写了《读韩信传》，其中就有这样发人深省的诗句："谬哉假王请，终致云梦游。贪功不见几，季岂汤武俦？兔亡走狗死，鸟尽良弓收。令人千载下，高风慕留侯。"此诗表达了他对追名逐利、贪财求富的危险性的预见。

也许，是他发现了父亲的追逐名利、贪腐之行为，以诗歌的形式，表达了他的深深的忧虑。他的深远预见，不幸言中，随着和珅倒台，丰绅殷德亦远离了官场。

嘉庆三年（1798年），和珅的家里发生重大变故，丰绅殷德的母亲冯氏去世。悲伤中，丰绅殷德写了《自适吟》，哀伤思念之外，还表达了他对富贵生活的厌恶和对田园生活的无限憧憬："人生贵子适，身外更何求？颇羡陆东美，翻思马少游。才宜置邱壑，福不类王侯，仆仆风尘里，真堪呼马牛。"

丰绅殷德的忧虑不是无病呻吟，他已经看到了物极必反的结局。正当他朝中地位节节高升之际，却风云突变，一股强烈的暴风骤雨劈头盖脸地朝他袭来。嘉庆四年（1799年），因受父亲牵连，丰绅殷德所袭公爵被降为伯爵，并被勒令"在家闲居，不许出外滋事"；不久，从和家抄出正珠朝珠，他又被革去伯爵，赏给散秩大臣衔，承袭三等轻车都尉世职；嘉庆七年（1802年）三月，因川楚陕三省白莲教起义基本被平定，丰绅殷德被赏给民公品级，在散秩大臣上行走。

自从父亲死后，丰绅殷德处处小心，唯恐让人抓住把柄。嘉庆八年（1803年），已革长史奎福控告丰绅殷德演习武艺图谋不轨，并欲毒害公主，还将侍妾带至坟园，于国服内生女等。经大学士董诰与留京王

大臣审办，只有在国服内妾生一女属实，丰绅殷德随即被处以"在家圈禁，令其闭门思过"的处罚。

面对家庭变故，丰绅殷德本来不强的名利心，此刻已如同水月镜花，消磨殆尽。沧海沧田之后，他愈发消沉，每天展开书卷，看着光线从空木格窗子透进来，尘埃随着光线微微颤动坠落，目光仿佛从起伏繁复的花纹上一一掠过，他想轻轻拭去尘埃，也拂去他曾经的快乐和哀伤。一首《逍遥吟》的诗，在他的笔下缓缓流出："亦莫恋此身，亦莫厌此身。此身何足恋，万劫烦恼根。此身何足厌，一聚虚空尘。无恋亦无厌，始是逍遥人。"

纵然贵为伯爵，在时代风云面前，依然无力掌控个人命运。

此后，丰绅殷德门前车马稀落，身体多病，他在个人命运的悲喜沉浮中，开始沉溺于道家的长生术。昭梿《啸亭杂录》中就记载丰绅殷德"中年慕道，与方士辈讲养生术"。

嘉庆十一年（1806年）正月，丰绅殷德被授予头等侍卫，在大门上行走的差使。四月，升任正白旗蒙古副都统，赏戴花翎。次年二月调任镶蓝旗满洲副都统，十二月赏给伯爵衔。嘉庆十五年（1810年）四月去世，嘉庆帝特派英和带侍卫十人前往祭奠，并赏赐陀罗经被，银五千两以资料理丧务，照公爵衔给予恤典。

而和珅的次子生于乾隆六十年（1795年），和珅喜不自胜。

据记载，和珅的次子"生而颖异，每逢啼哭，乳母抱赴屏壁间，指点字画，即转啼为笑"。和珅把甜梦书香的希望寄托在他身上。可惜，此子不到两岁就夭折了，可想而知，对和家打击有多大。

和珅写了很多诗词来寄托自己的悲伤之情：

河汉盈盈两泪倾，都关离别恨难平。

双星既有夫妻爱，应识人间父子情。

他在《忆悼亡儿绝句十首》中，悲伤地写道：

老来惜子俗皆然，半百生男溺爱偏；

今竟无情抛我去，几回搔首问青天。

襁褓即知爱文章，痴心望尔继书香。

归家不忍看题壁，短幅长条一律藏。

学语先知父母呼，每逢退食足娱吾。

秋来归去无聊甚，触处伤情痛切肤。

和珅对于子女的爱，溢于言表。他对丰绅殷德的教育培养，对夭折的次子的痛彻肺腑的深情，表现了他人性善的一面。父爱的光辉，在他的身上展现得淋漓尽致。

文武兄弟情

长兄如父，重情重义的和珅一直牢记这句话，不管自己如何风光，都把弟弟和琳当作自己手足去呵护和照顾。

在和珅的家庭成员中，他和其弟和琳关系最为亲密。

当和珅的父母相继去世，少年的他就感受到了生活的艰难，他和弟弟和琳筚路蓝缕，走过艰难的生活之旅，当黄叶在风中凄凉地飘零，他仿佛感受到了父母亲从遥远的地方发出的阵阵声音，他知道，他和弟弟的殷红的血管里流淌着一样的祖先的信息。他牵着弟弟和琳的手，踉踉跄跄地怅然而归，开始了两个人相依为命的生活，年龄稍长，两人又一起进入咸安宫官学读书，相互激励、相互帮助，兄弟情谊就像咸安宫官学门口的那棵百年老槐树，根深叶茂。

少年和珅虽然遭遇父母双亡、家道中落的不幸，却从不自暴自弃，而是奋起学习，他始终把眺望的目光和情感的草巢，放在梦想的摇篮。他知道，学习是一个人灵魂的源泉，生命之根。他要把自己庄严、孤寂和空茫的梦想，像树一样扎进大地，这样，才不至于让生命陷入一种无根无基中。

事实证明，他和弟弟的苦学，为以后为官打下了良好的基础。

他生命的丰饶，是蕴藏在充满墨香的日子里的。

兄弟两人虽一母所生，却性格各异。和珅年龄稍长，相貌堂堂，英俊有才，性格谨慎，善于处理人际关系，喜欢研究诗词文章和为官之道；和琳性格直爽，不喜欢算计别人。他在完成官学里的诗词课程外，

还学习兵法，研究古代战争案例。

和珅、和琳兄弟一样好学，一样的刻苦，却一文一武，相得益彰。

兄弟两人少年时期的苦学，为日后的发展打下了坚实的基础。当和珅后来承袭了祖上的三等轻车都尉的世袭职务，和琳就没有机会了。

和琳经过努力，后来做了满洲文生员笔帖式。笔帖式是个很小的芝麻官，最高也只有六品。和琳为人稳重，做事认真，政绩不俗。不久，和琳升迁为吏部给事中。吏部给事中属都察院，与监察御史合称"科道"，职掌抄发题本，审核奏章，监察六部、诸寺、府、监公事。

此后，随着和珅在朝中的地位越来越高，和琳的官位也越升越高。并且被和珅派往阿桂处做了一个武官。和琳的能力和才华，加上哥哥和珅给他创造的机会，很快就被提升为内阁学士，兼署工部左侍郎、正蓝旗汉军副都统等职。

和珅为栽培和琳，费尽了心血。弟弟和琳也很争气，在和珅的培养、举荐下，不断地高升，不断出政绩，春风得意。

乾隆五十六年（1791年），廓尔喀（今尼泊尔等地）人因贸易纠纷侵扰西藏的前藏地区，时任两广总督的福康安、领侍卫内大臣海兰察为大将军，统索伦、吉林及四川、陕西诸路兵前往讨伐。协办大学士孙士毅负责粮饷，和琳被任命为驻藏大臣，负责督办前藏地区的粮饷供应。

乾隆五十七年（1792年）七月，廓尔喀人投降，清军胜利，乾隆把和琳留在西藏，负责善后。

西藏地处高原，气候寒冷，没有蔬菜和水果，粮食和蔬菜要通过四川转运，生活艰苦，军士们一点儿都不习惯。可和琳却在西藏留守了三年，踏踏实实，任劳任怨。

当和琳站在雪域高原，望着朵朵不断飘浮迁徙的白云，遥望家乡的时候，他最想念的是哥哥和珅。他看见驻军的车辆运来的黄瓜、茄子，以及军士们高兴欢呼的情景，赋诗道："更欣黄瓜与紫茄，强于西域得佛牙。""吟诗大嚼挑银灯，瓜茄有灵幸知己。"他的乐观的精神感染着军士们。

和珅深知雪域高原的艰苦，他心疼弟弟，想通过活动把和琳调回京

城，和琳自己却不答应，坚决表示要完成任务，和珅也就不再坚持了。

和琳在西藏以苦为乐，曾写了一首很有意思的诗《西招四时吟》，描绘了西藏四季的景色和他的感受，竟然趣味盎然。诗分春夏秋冬四季来描述。春天，"莫讶春来后，寒威倍胜前。小窗欣日色，大漠渺人烟。"夏天，"山阳四五月，嫩绿渐生生。草老刚盈寸，花稀不识名。"秋天，"池塘堪浴佛，稞麦渐仓储。更喜羊脂厚，厨供大嚼初。"冬天，"木炭供来日，陂塘半涸冰。草枯归牧马，寒重敛飞蝇。"这真实记录了青藏高原的生活。

在命运几度于幸福和苦难的轮回之后，和琳在艰苦的边疆，出色地完成了朝廷交给他的任务。从藏区回来，因为和琳政绩卓著，被朝廷任命为四川总督。

乾隆六十年（1795 年），贵州、湖南地区先后爆发苗民石柳邓、吴半生、石三保领导的起义。乾隆随即命调任云贵总督福康安、四川总督和琳前往镇压。

和琳不顾风尘仆仆，杀向战场。他和福康安互相接应，身先士卒，率兵攻击了岩碧山，生擒起义军领袖吴半生，一口气拿下起义军七十余寨。

在镇压苗民起义中，和琳起到了决定性的作用。

和琳立此大功，乾隆"龙颜大悦"，赏和琳双眼翎，任命其为"参赞军事"，并晋封一等宣勇伯，"赏上服貂褂""赏黄带"。乾隆六十年（1795 年）十月，和琳连战连捷，乾隆"赏上用黄里元孤端章"，且加封太子太保。

经过数次征战，和琳确立了自己在军中的地位。当福康安病死军中后，和琳代理军务，率兵俘获起义军领袖石三保等人。

可惜天妒英才。嘉庆元年（1796 年）八月，和琳继续挥师北上，率兵围攻平陇，却不幸被瘴气毒死。

和琳英年早逝，真是可惜。

乾隆赐白银五千两，并赐陀罗经被，赐祭葬，命配飨太庙。同时允许其家建专祠祭奠。

和琳宠妾殷云卿为之殉身，临终前对和珅说："虽修短有数，亦可以生死无憾矣。"

和珅只有这么一个弟弟，却过早逝去，给和珅的打击很大。看到弟弟在仕途上如日中天的时候却英年早逝，不由得悲从心生，为了悼念从小与自己相依为命的弟弟，他含泪写下《挽词十五首》。并说："希斋弟督军苗疆，受瘴而卒，痛悼之余，为挽词十五首，言不成声，泪随笔落，聊长歌以当哭云。"其中的一首如下，足可见兄弟之间的情深意浓：

同胞较我三年少，幼共诗书长共居；

宦海分飞五载别，至今音问藉鸿鱼。

看汝成人赡汝贫，子婚女嫁任劳频；

如何又为营丧葬，谁是将来送我人。

生前会少梦难成，华萼堪悲雁影惊；

重过旧居魂欲断，楼空燕子不闻莺。

长兄如父。和珅和弟弟和琳从小和睦相处，相依为命。成年后，和珅一直关心着和琳一家的生活，和琳儿娶、女嫁都是和珅操办的。当和珅为弟弟张罗葬礼，看到他的旧居人去楼空，和珅黯然神伤、悲痛不已。那痛如同刀绞肝肠，痛断魂魄。

和珅还为和琳的宠妾殷云卿写下诗词一首："新诗裁就凛冰霜，千古人寰姓字香；料得九原应寂寞，阿云同穴共仙乡。吾弟英灵信有神，好同携手夜台春；将来图画凌烟上，添个蛾眉节义人。"

在前序中，和珅写下了这样一句话："吾弟功成名遂，惜年不永，既邀九重异数殊荣，复有宠姬云卿为之殉节，虽修短有数，亦可以生死无憾矣。感其留诗话别，心痛泪涟，促成短句，言不成文，聊为赆吊云尔。"不难看出，和珅对弟弟和琳的感情，是他心中少有的真情。

"其兴也勃焉，其亡也忽焉"，和珅倒台后，也殃及了和琳，他被追究借和珅权势邀功，镇压苗民起义过程中牵掣福康安，以致影响战事的责任，牌位被撤出太庙，专祠也被拆毁，儿子丰绅宜绵继承的公爵也被削夺，改为三等轻车都尉。由于家道中落，丰绅宜绵靠着"善堪舆，贵家争延致之"维持生活。

真是一人得道鸡犬升天，一人犯罪株连九族。和珅红得发紫的时候，和琳也春风得意，和珅倒台，已死去的和琳也受到株连。

那墓里的灵魂是怎样的感受？

殉情的宠妾

和珅红得发紫的时候，奴仆成群，姬妾众多。

这除了显示身份之外，还有绵延香火的理由。

和珅的小妾，大部分是各级官员为了巴结他主动献给他的，除此之外，他还把出宫女子娶为次妻，把别人遗留下来的小妾纳为己有，遭到非议就很正常。

和珅和姬妾们的情感都很好，甚至有人还会为他牺牲自己的性命。他被赐死后，他的不少爱妾也为他自尽了，吴卿莲就是其中的一个。

吴卿莲是原任甘肃布政使、后任浙江巡抚王亶望的爱妾，能诗善画，言语乖巧，很受王亶望宠爱。王亶望特在杭州西湖边上修建了饰以宝玉的楼阁供其居住，称为迷楼。乾隆四十六年（1781年），甘肃冒领赈灾钱粮大案发生，王亶望和时任陕甘总督的勒尔谨等二十余人被处死，家产被抄没，他的爱妾吴卿莲即被侍郎蒋锡所得。后来蒋锡为巴结和珅，忍痛割爱，把她献给了和珅。

和珅对吴卿莲一见钟情，爱得缠绵，让他意醉沉迷。他为吴卿莲专门修建了池馆，与王亶望的迷楼一样的豪华精致，吴卿莲也对和珅不嫌弃自己的出身而感激不尽。

嘉庆四年（1799年）正月初八日，和珅被抄家，吴卿莲也被刑部和顺天府衙门的士兵软禁起来。她望着柳姿的婆娑和池塘睡莲的静美，调整慌乱的呼吸，回想起自己几度荣辱，几易其主，痛不欲生，只有和珅真心爱她。和珅死后，自己孤零寂寞，没有任何牵挂的人，一行清泪顺着脸颊流淌下来。徘徊又徘徊，她拿起笔作绝句十章，那令人动容的感怀，叙述了一生悲苦心情。写罢，刑部的一个士兵前来传信，说和珅已被赐死，她的身子晃了晃，悄悄地走进里屋去。不久，士兵发现，她

已自缢身亡。

吴卿莲在诗中详细地记录她听说和家被抄后的慌乱心情。其中有一首这样写道：

晓粒惊落玉搔头，宛在湖边十二楼。

魂定暗伤楼外景，湖边无水不东流。

香稻入唇惊吐日，海珍到鼎厌尝时。

蛾眉屈指年多少，到处沧桑知不知。

缓歌慢舞画难图，月下楼台冷绣襦。

终夜相公看不足，朝天懒去倩人扶。

莲开并蒂岂前因，虚掷莺梭廿九春。

回首可怜歌舞地，两番俱是个中人。

最不分明月夜魂，何曾芳草怨王孙。

梁间燕子来还去，害杀儿家是戟门。

白云深处老亲寻，十五年前笑语温。

梦里轻舟无远近，一声款乃到吴门。

村姬欢笑不知贫，长袖轻裙带翠翚。

三十六年秦女恨，卿莲犹是浅尝人。

冷夜痴儿掩泪题，他年应变杜鹃啼，

啼时休向漳河畔，铜爵春深燕子栖。

钦封冠盖列星辰，幽时传闻进贵臣。

今日门前何寂寂，方知人语世难真。

一朝能悔郎君才，强项雄心愧夜台。

流水落花春去也，伊周事业空徘徊。

吴卿莲感叹命运多舛，世道的变化无常，人生变幻莫测，竟无小女子的容身之处，当她选择自缢的时候，想到她和和珅花好月圆之时，心情的悲苦会有谁知？

只有那缕寂寞的月光，在清理那些痛不欲生的痕迹。

吴卿莲用行动表达了对和珅的忠心，也说明了和珅给她的爱，是真的爱，所以，她想天上的那朵浮云，自西边来，向西边去。

和珅还有一名宠妾名叫长二姑，才貌双全，与和珅情深意笃。是和珅众多的姬妾中，最受信任的一个。

长二姑善于理财，常年负责管理和家的财务；她遇事有主见，和珅遇到一些棘手的事情，总喜欢与她商量，使她在和家很有地位和权势，大家都称她为"二夫人"。

长二姑是刑部曹司员的家奴，跟着曹司员的太太学会了管家理财、吟诗作赋以及琴棋书画，当她长大出落得花儿一样的时候，曹司员就想纳她为妾。这时刑部秋审处有了空缺，曹司员为了升迁，忍痛把长二姑送给了和珅。

长二姑是个善解人意的姑娘，来和府后，对上尊长，尽施礼节，对下平易近人，对和珅的结发妻子冯氏尊敬有加，每天都去问安。她聪明能干，把家务操持得井井有条，很快成为和珅的左膀右臂，在和府很有威望。和珅也深深地爱着长二姑。

势利的曹司员为了巴结、讨好和珅，正式认长二姑为义女，通过长二姑向和珅求情，升官为永定河的道员。

和府家大业大，家事繁杂，长二姑每天穿梭于和府前厅和后院，安排仆人们做这做那，滴水不漏，而她自己抽空记录簿籍，撰写函札，庞大而繁杂的家事，在她面前井然有序，有条不紊。若不是心思细密，是做不到这一点的。到了晚上，夜色从她笔下那一片弯曲的墨泽中穿过，和珅走进她的房间，明亮的灯盏下，她微笑着拿出记录清楚的账本让和珅过目，和珅翻看着账本，高兴得合不拢嘴，不住地夸她聪明能干，她光洁的额头，在烛辉的映照下，闪着细碎的光，望着在风中摇曳的红蜡烛，抱着自己，满足地睡去。

宁静的夜，在梦幻中一点一点地逝去。

那一次，和珅请幕僚们来家做客，酒席上，志得意满的和珅开始卖弄诗词，出的题有难度，幕僚们对不上，尴尬地互相望着，有的对出了，也不是很满意。长二姑上菜来到席间，张口对出下阕词，且比幕僚们对得好！幕僚惊诧中，艳羡不已。和珅在得意的同时，对她又增添了几分爱意。

当和珅地位日渐高升，身边的姬妾也越来越多，但长二姑却始终是和珅的最爱。她在和府中说一不二。每天一大早，和府就回荡着她的声音，那是她一天"旅程"的开始。仆人的添减，田产的买入卖出，店铺的开张或典出，她提出意见，和珅不假思考，一律答应。

她的足迹，遍布和府的每一块青石板路上。可想而知，她在和家的地位和威望有多高。

作为和珅左膀右臂的长二姑，为和珅卖官鬻爵出谋划策，连和珅也佩服不已。和家收受的礼物都由她统一安排。她还串通郝云士等一帮捐客以及和府大管家刘全等人，弄到数百万的财帛金银，成为和珅的敛财帮手。

固伦和孝公主下嫁给丰绅殷德后，面对那缕寂寞的月光，很是不适应和家的生活的。长二姑在这个时候，对她关心备至，把公主的饮食起居安排得妥妥当当，深得固伦和孝公主的敬爱。

当然，当有人求额驸或和孝公主办事，也都由她一人代劳并从中获利。

长二姑在和府操劳，深得和珅的宠爱，他的娘家人也跟着沾光，经由和珅举荐，她的一个兄弟做了知县，另一个兄弟成了富甲一方的盐商。她的侄子们也都在县衙里谋了肥差。

她的手腕和精明可见一斑。

花无百日红，这是谁也打破不了的事物发展规律。

嘉庆四年（1799 年）正月十八日，春寒料峭，长二姑在呼啸的寒风中，听说和珅被赐死的消息时，顿时被悲伤所击倒。她背靠的和珅这棵大树轰然倒下，偌大家业顷刻化为乌有，她怎能不痛不欲生？如卢沟水般的泪水模糊了双眼，她仿佛看到她与和珅的恩爱的日子里，心灵是那么相通，此刻却像东流之水，不再回还；她不敢去想以后孤苦伶仃的生活。她的心碎了。

罢！罢！罢！与其活着受罪，不如同和珅一起共赴黄泉。

黄昏来临时，长二姑擦掉脸上的泪水，拿起笔，写了两首七律：

谁道今皇恩遇殊，法宽难为罪臣舒。

坠楼空有偕亡志，望阙难陈替死书。

白练一条君自了，愁肠万缕妾何如。

可怜最是黄昏后，梦里相逢醒也无。

掩面登车涕泪潸，便如残叶下秋山。

笼中鹦鹉归秦塞，马上琵琶出汉关。

自古桃花怜命薄，者番萍梗恨缘艰。

伤心一派芦沟水，直向东流竟不还。

长二姑是精明的，在朝代更替、大势所趋中，却没有看清形势，她幻想着通过关系将和珅捞出来，上书替和珅顶罪，却不知，和珅之罪，罪不能恕，她不可能如愿。和珅已死，她无心苟且偷生，死，也许是她最好的解脱。

第十一章 顶峰上的白绫在风中倏然飘过

多行不义必自毙。

——《左传·隐公元年》

和珅辉煌时，权倾朝野，一人之下万人之上，真是风光无限，享尽了荣华。

英国使节马戛尔尼曾说："举全国朝政，畀诸相国和中堂一人。"

在乾隆的庇护下，和珅为所欲为，把庞大的帝国攥在了自己的手里，贪污腐化，富可敌国。大清帝国，被他搞得乌烟瘴气，秽乱不堪。他不断在清朝掀起巨大政治风浪，最后，自己也被巨浪拍至幽深的谷底，命断紫禁城。昔日的风光，以悲惨落幕。

有人说，他最大的克星是嘉庆帝，其实，他最大的克星是他自己。三尺白绫，为他的人生画上了句号。

新帝嘉庆以他韬光养晦的策略，闪电惩治和珅，终于铲除了祸国殃民的贼子，使大清帝国走向了新时代。可是，和珅的行为，也为大清帝国掘了坟墓，不管嘉庆帝、道光帝如何的努力，伤了元气的帝国再难复原，人们再也看不到顺治帝的豪情，康熙、雍正帝时代史诗般的雄壮。被蚕食、掏空的大清帝国注定走向没落。

繁华落尽，烟消云散。只有顶峰上的白绫，在风中倏然飘过。

和珅死无葬身之地，他的所作所为，应该引起后人的警醒。

最大的克星

英国作家乔叟曾经说过："有罪是符合人性的，但长期坚持不改就是魔鬼。"

俗话说，一朝天子一朝臣。

有人说嘉庆帝是和珅最大的克星，但其实，和珅最大的克星是他自己。

和珅这个屡试不中的文生员，把持朝政二十余年，在乾隆的庇护下，兴风作浪，为所欲为，狂妄至极。大清国的帝业，成了他个人的生意。他欲壑难填，疯狂地搜刮民脂民膏，他的周围形成了庞大的贪污集团，致使帝国官场贪污腐败浪潮汹涌澎湃，帝国政治秽乱不堪。

可以说，大清帝国的丧钟，是和珅首先敲响的。

多行不义必自毙。

纵容自己必然毁灭。和珅权倾朝野，人称"二皇帝"，他开始飘飘然了。也许，当他爬上帝国权力的巅峰，仰望的是天空，视线早已被满足和狂妄所遮挡，利令智昏就成为必然。和珅在春风得意之时，哪里知道，危险正在悄悄来临。

聪明反被聪明误，和珅机关算尽，反误了卿卿性命。

有人说，和珅聪明一世糊涂一时，难道他也遭遇了官场平台期？还是江郎才尽？失去了大有作为的能力？

当年，康熙帝立太子又废太子的纷争，给乾隆留下不可磨灭的阴影。他亲政后一直不立储，小心翼翼得就像一个羞涩的小脚女人蹒跚而来。当他身健体轻时，哪个大臣敢妄言立储？

乾隆四十三年（1778 年）九月，一缕缕的秋风徐徐吹来，宫殿青苍的屋脊上，几茎绿草微微地拂动，即将进入古稀之年的乾隆帝，从文渊阁走出来，信步走在回廊上，望着那深绿的廊柱，菱花门窗，回想着那一室的纸墨清香，和那变幻无穷储满池水和花朵的大花园，陶醉自信得从容不迫。忽闻锦县有不怕死的生员金从羲呈上"建储、立后"奏折。想想自己的光阴被毫不留情地吸走了，不由得龙颜大怒，这不是咒他早死吗？结果金从羲被处以极刑。

此后，谁还敢提立储之事？

1795 年，乾隆已即位六十年，已经是一位八十五岁的老人了，目光混沌，思维混乱，行动颤颤巍巍。他感到自己该让位了。乾隆坐在紫禁城里的宁寿宫中，遥望帝国的远方，他知道自己无法再企及！乾隆决定昭告天下确定颙琰为太子。

乾隆的心，安定了下来。

面对宫殿屋脊上的琉璃瓦，在阳光的照耀下闪烁着细碎的光芒，和珅慌了神。

这么多年来，和珅依靠着乾隆这座大山，把持着大清帝国的朝政。他伺候乾隆几十年，那超越君臣的关系，曾让他为所欲为，兴风作浪；那得心应手的惬意，让帝国大业成了他的个人生意。他把持着官员们的命运，说你行你就行，不行也行；说你不行你就不行，行也不行。那种感觉就如同一条流金溢彩的虹链，在雨后的天空，俯视人间。忽然间，大清却换了主子，他如何得到新皇帝的宠信？又怎么摸透其心思？难道自己苦心经营几十年的一切，就要付诸东流了吗？

和珅想来想去，只有一个办法，那就是用尽各种招数劝乾隆暂缓归政。

宁寿宫里，和珅跪在地上，口中谀辞如潮，乾隆在位的种种好处、乾隆的英明神武，都成了他劝说的口实。望着摇唇鼓舌的和珅，苍老的乾隆把头摇了又摇，退位已成定局。和珅知道，他已经无法阻止新皇帝的登基了。他的眼珠子转了又转，难道，他不可以既讨好乾隆，又得到嘉庆宠信吗？对，自己就做一个独特的"两朝股肱之臣"。

在那个冬天湛蓝的天宇下，和珅踌躇在太和殿外，当他一步步走向台阶，来到嘉庆帝面前，满脸堆笑，以让自己变成一朵灿烂的花。他的巧舌又开始了摇动，祝贺颙琰登基，送玉如意为贺礼。

嘉庆放下手中的青花瓷茶碗，看着匍匐在地的和珅，心里冷笑。时年三十五岁的他，沉稳而有心计，他明白，自己虽然做了皇帝，上边却还有乾隆这个太上皇把持着实权。要想实现励精图治的大业，眼前恐怕要隐忍，要先稳住和珅，韬光养晦，波澜不惊地面对朝里的汹涌暗潮。

据清史记载，自康熙诸皇子竞植私党，酿成数起狱案后，清制规定皇子不许与诸大臣有任何往来。

颇有心计的嘉庆，眯起眼睛看着和珅，和珅竟违背清制，其用心昭然若揭。

皇位上的嘉庆不动声色，让和珅平身，接受了他的祝福和玉如意。

和珅的心，稳定了下来。看来，新皇帝应该被自己拿下了，他志得意满离开太和殿，迎着清冷的空气，迈着方步走远。

前方等着他的是什么？机敏的他，真的没有看出来。

接着，和珅又做了一件蠢事，诬陷洪亮吉。

嘉庆二年（1797年），大清国举行三年一次的会试，和珅惊异地看到，主考官居然不是自己，而是老对头窦光鼐，副主考是咸安宫官学的正总裁洪亮吉。一直把持着这一职位的和珅如何能适应得了？趁机捞一把的希望也落空了。

和珅的失意和惆怅，可想而知。

买通主考官窦光鼐是不可能的，和珅就打起了副主考洪亮吉的主意。见面前先了解一下吧，这一了解可不得了，洪亮吉居然是政敌王杰的幕僚。和珅心里的坏水开始外流，他听说洪亮吉写了很多讥讽时政的诗，找来一看，还真是问题不小：

早闻内禅光唐宋，欣喜元年值丙辰。

全楚正欣秋再稔，史官应奏日重轮。

尧阶未在迫陪列，尚愧西清侍从臣。

大胆洪亮吉，竟敢讽刺乾隆帝禅位！何不据此参他一本？说不定还能趁机扳倒窦光鼐，这主考官之位还是自己的。想到这里，他似乎看到了白花花的银子正朝自己流了过来。

第二天早朝，和珅迫不及待地参奏："微臣偶然见到一本诗集，其中诗作多有诬我官府、影射攻击我大清之意！"说罢，他开始念洪亮吉的诗：

六王虽毕闾左空，男行筑城女入宫；

长城东西万余里，永巷迢迢亦无麻。

· 167 ·

宫中永巷边长城，内外结成怨苦声；

入宫讵识君王面，三十六年曾不见。

乾隆帝一生作诗四万多首，他当然知道这诗是写秦始皇的。所以，他不动声色。

王杰熟悉洪亮吉的诗歌，知道和珅的意图，很是生气，他一把从和珅手中抢过诗集，把《万寿乐歌》呈给乾隆帝："免钱粮、免漕粮，四次两次看腾黄。今年诏下龙恩厚，普免正供由万寿。三分减一，十减三。前史盛事何庸谈，大农钱粟虽频散。耕九余三积、储粮，户部银仍八千万。"看到这儿，乾隆知道其中的内容是在歌颂自己。接着往下看，更是在歌颂自己勤于政事："夜未央，乾清宫中烛蜡煌。日将出，勤政殿前传警跸，机廷文阁三两贤，日或一再瞻天颜。万机当昼皆周遍，七品宰官多引见。"读完，乾隆龙颜大悦，指责和珅乱告状，和珅偷鸡不成反蚀把米，在群臣面前丢尽了人，不得不低下了头。

嘉庆心里明白，和珅是冲着自己来的，洪亮吉是自己钦点的副主考，和珅明着是告洪亮吉，暗地里却是在指责我失察，用人不明，于是对和珅怀恨在心。

嘉庆怎能忘了当他还是太子的时候，和珅就曾对他实施监控。他安排吴省兰为嘉庆帝的侍读，以为嘉庆整理诗文稿件之名，行监视之实。他还借太上皇之手，限制嘉庆的行为和心腹，同时大力培植自己的骨干，形成以自己为中心的一个权力网络。

嘉庆登基后，曾被和珅抓住把柄，差点被乾隆废了。

原来，嘉庆即位后，见军队毫无战斗力，就决定要举行冬季大阅兵。和珅知道这是乾隆的痛处，赶紧奏明太上皇，太上皇以军队尚未准备好为由下令停止。嘉庆受到太上皇严厉的指责："你若下诏，须奏朕知晓，不得擅专。"嘉庆终于明白，只要太上皇在，自己就是傀儡皇帝。和珅一直都在背后搞他的鬼，危险时时都在。他对和珅的恨，日复一日。

利令智昏的和珅，做了自己的克星，还是最大克星。

殊不知新皇帝嘉庆再无权，也是暂时的；太上皇马上就九十岁了，指不定哪一天驾崩了，和珅还能靠一辈子？

和珅如此自掘坟墓，注定要落得个被抄家赐死的下场。

跋扈挟乾隆

自嘉庆帝登基，和珅的心里，隐隐不安，如何实现继续掌控朝廷大权的目的？他的思绪纷乱，坐立不安。忽地，历史上曹操曾经"挟天子以令诸侯"的事，涌入脑海。他想，自己何不挟乾隆而令新皇嘉庆呢？

和珅哪里知道，老奸巨猾的他，竟然不是年轻皇帝嘉庆的对手。

嘉庆帝即位时已经三十五岁了，沉稳老练，且胸怀大志。曾祖父康熙时期皇太子立而复废，废而复立的教训，让他心有余悸，登基后，他对乾隆帝小心翼翼，精心侍候，哪怕父皇乾隆帝的做法他并不同意，也不动声色。他深知太上皇的宠臣和珅，是个不好对付的角色，他的内心充满了怨气与不满，甚至恨他。聪明的嘉庆帝在危机四伏的日子里，选择了隐忍，不让和珅抓住把柄，就是他的胜利，就是在巩固他嗣皇帝的皇位。他以韬光养晦的策略，静观朝廷的暗波涌动。他甚至听任和珅恣意妄为，专横跋扈，以至于让老狐狸和珅放松了警惕。

和珅屡次试探嘉庆后，认定太上皇让位不让权，自己仍然是朝廷的实际掌控者，新皇帝嘉庆对自己不会构成威胁。每天上朝，看到太和殿上的太上皇浑浊的目光，已无力再理朝政，不过是有名无实罢了。当太上皇面对如山的奏折，不堪重负，把一切事务仍交由和珅办理，和珅的得意忘形和踌躇满志，可想而知。他学习曹操，趁机"挟太上皇帝以令皇帝"，照样威风凛凛地权倾朝野，掌控举国上下从中央的"部院群僚"到地方的"督抚提镇"的文武百官，继续为所欲为。

欲望的膨胀，就像一团黑雾，蒙住了他的眼睛，他哪里知道，嘉庆皇帝正在磨刀霍霍，很快就挟到他的脖子上了。

乾隆末年，湖南、贵州苗民起义；嘉庆元年（1796年）正月，湖北、四川、河南、陕西、甘肃等省，爆发了历史上著名的、影响深远的白莲教大起义。这时的一切军事用兵大权还都掌握在和珅手里，一切军

报都必须先向他汇报，然后才转达给太上皇和嘉庆帝，将领的任用、兵士的调遣及军需开支等也都由他控制。

每当夜晚，和珅躺在床上，望着挂在树梢上的明月，想到自己如日中天的日子，很是惬意。却为何常常梦中惊醒，一身的冷汗顺着脊背流淌，这个时候，他的思绪翻腾，想到一旦太上皇归天，新皇帝嘉庆能信任自己吗？提防嘉庆帝是必需的，他自认为安排详细缜密，万无一失。

第二天上朝，和珅看着嘉庆帝唯唯诺诺，事事都听太上皇和自己的，狂妄的他也就放下了心。

辛尼生说："在罪恶的旅程中，走的总是不可挽回的下坡路。"

和珅的张扬跋扈、贪污腐败，达到了丧心病狂、无以复加的地步，朝野上下望而生畏，敢怒不敢言。和珅为显示自己的威风，竟然到了随意恐吓诸位皇子皇孙的地步，每当散朝后，他故意散布消息："今天'老佛爷'（乾隆帝）很生气，要对某阿哥杖几十，要对某阿哥进行惩罚……"这让皇子、皇孙们惶恐不安；他还时不时敲打嘉庆帝，气焰十分嚣张；甚至，连太上皇乾隆，他也不放过。乾隆帝年老体衰，眼睛昏花，批奏折的时候，难免丢东忘西。和珅见了，竟然常常让太上皇乾隆撕掉重新拟旨，置君臣之别于不顾。

阿桂去世后，和珅借"生擒"白莲教起义军首领王三槐一事，给自己晋爵，请求太上皇乾隆帝恩准。这时的乾隆对他言听计从，很快就晋封他为公爵。

这么重大的事，他居然越过嗣皇帝嘉庆，嘉庆帝虽然心里一百个不满，却隐忍不发。

这种事情发生得多了，朝中百官就认为，凡事还是太上皇说了算，嗣皇帝嘉庆毫无自己的主见，只有默许和认可。而太上皇又都听和珅的，嗣皇帝嘉庆纯粹是个傀儡。

嘉庆帝对此也十分清楚，只好诸事让和珅三分。有大臣气愤不过，偷偷向嘉庆帝告状，但嘉庆也都一笑了之，并不生气，常常表示自己要依靠和珅处理政务。

朝鲜使节的一段记载足以说明问题："皇帝登基以后，虽恶和珅，

而无一言相及。一日和（珅）筵奏太上皇减太仆寺马匹，皇帝独自语曰：'从此不能复乘马矣。'筵臣之旁闻之者，知珅之必无幸焉。"

和珅自以为得意，更加张狂。

其实，这只不过是嘉庆帝韬光养晦的策略。嘉庆是个有心计的人，处处给足和珅面子，不论发生什么事情，都以不动制动，对和珅的为所欲为，从不干涉，还不时表示对和珅的尊重，目的就是麻痹和珅，让他放松警惕。

清史记载：嘉庆帝"自丙辰（即1796年）即位以来不欲事事，和珅或以政令奏请皇旨，则辄不省曰：惟'皇爷（乾隆帝）处分，朕何敢与焉'"。

可见嘉庆帝是多么的聪明、智慧，城府深如渊。这种俯身隐忍，获得了时人的赞许："自即位以来，知和珅必欲谋害，凡于政令，惟珅是听，以示亲信之意，俾不生疑惧，此智也。"

嘉庆帝这种唯唯诺诺的表现，麻痹了和珅，也让嗜权如命的太上皇乾隆十分满意和放心，他的"孝"，实在妙不可言。他知道和珅一直都在防着自己，就每遇有事向父皇乾隆帝奏报时，往往请和珅"代言"；每当身边有人反映和珅种种不法行为时，他常常故意训斥他们："朕方倚相公（和珅）理四海事，汝何可轻也。"表现出对和珅的极大信任。

钓鱼者终被反钓。和珅聪明一世，却被嘉庆轻易蒙骗。他一方面拉拢嘉庆，寻找机会套近乎，来为自己谋条后路；另一方面，又在嘉庆帝周围布置亲信，名为辅佐，实为监视嘉庆的动向。对他的伎俩，嘉庆帝一清二楚，他涵养身心，虚己以待，谋定而后动，静候瓜熟蒂落，水到渠成。

嘉庆不愧一代帝王，他的巧妙周旋、伺机而动，为日后亲政扳倒和珅打下了基础。

嘉庆把心机深深埋藏起来，"无为而治"。整日服侍在太上皇左右，而国家大事也都唯太上皇之命是从，乾隆对此很满意；他还要和珅放松警惕，嘉庆知道自己身边的人都是和珅的耳目，没有一个人是可以信赖的，嘉庆是孤独的、无助的。所以，凡事他必须亲自办理，行动小心，

谨防和珅抓住把柄。他知道侍读吴省兰是和珅的耳目，就利用他来麻痹和珅。他在和珅送玉如意示好的事上做文章，写下数首《咏玉如意》，以表达对和珅的尊重和感激之情。文曰：

序：上皇诏宣朕为阜储前日，和相持玉如意一柄奉朕，拥戴朕之耿耿忠心可见矣。今日登基，不忘所自，以诗记之。

其一美主产天西，良玉琢成器。温润而坚贞，命名曰如意。

其二妙选昆冈百谷精，指挥如意应心成。书祥伊始三登兆，嘉慰皇衷万宝盈。

序：辞旧迎新，又见如意，想此玉所自。朕已登基一载，想和相拥戴之德可表，勘乱治民之绩亦可嘉焉，和相真股肱之臣也。

其一和阗嘉玉质精良，义取吉徽如意彰。农愿丰收继昨年，民歌击壤乐尧天。

其二洁白质精粹，比德象温纯。不为暇疵累，常置黼座旁。

如嘉庆所愿，他的这些诗，被吴省兰一首不落地拿给了和珅。和珅看嘉庆对自己如此感恩戴德，高兴得心花怒放。

聪明睿智的嘉庆，还写了些颓废、疏于朝政的诗歌，如《静坐》：

静坐萧斋度小年，

梨清茶熟最怡然。

瑶琴挂壁难成曲，

漫引南薰插五弦。

和珅读着这样的句子，断定：嘉庆当上皇上，已经心满意足、怡然自得了，对政权没有更大的奢望和野心。

嘉庆怕一味地拍和珅的马屁，会引起他的怀疑，偶尔也写一些小诗，不痛不痒地讽刺和珅一番。什么和珅抽大烟，满身烟味，焦黄了手、牙齿，妻妾会不会反感之类。和珅看到这些诗句，看不起嘉庆了，这种只会无所事事、胸无城府、玩脂弄粉、不理政事、毫无大志的人，如何当得皇帝？最多写几首诗自娱自乐罢了。

就这样，和珅完全陷进了嘉庆的烟幕弹，在茫茫的烟雾中迷失了自我。

从侍卫到权相：千面和珅

据记载，有一次，和珅携丰绅宜绵报来的前线奏折参见嘉庆帝时，故意长跪不起，五体投地，嘉庆忙道："和相请起，以后见朕，不是公开场合，不必行此大礼。"和珅本来也是试探嘉庆的，现在见皇帝这么说，当然就不再坚持了，于是，奉上奏折曰："请皇上御览圣批。"嘉庆知道这是和珅的第二次试探，忙道："朕刚刚登基，一时之间尚不能主政，此等军政大事，和相处置便是，不必报于朕，朕于政事不谙，于军事更不熟悉，诸事都要请教太上皇、仰赖相公，相公今后当不吝教辅才是。"和珅非常满意地转身离去。看着和珅离开的背影，嘉庆拭去额头的冷汗，庆幸总算过了这一关，并暗下决心：这场戏在太上皇驾崩之前一定要做到底。

从此以后，凡事启奏太上皇的时候，嘉庆总不忘请和珅转奏。

嘉庆还经常对自己身边的侍卫、伴读、仆役等说："尔等有所不知，朕方依靠相公治理国家，哪能慢转相待呢？朕正要厚待尊重和相，使其尽力辅弼朕。如果相公对朕略有松懈，朕如何治国？朕还能靠谁呢？"这话传到了和珅耳中，他彻底对嘉庆放松了警惕，遂携妻带妾去踏青了。

嘉庆帝的"不喜不怒，沉默持重，唯唯是听，以示亲信"的战略，成功地让和珅放松了戒备。

闪电惩和珅

嘉庆四年（1799 年）正月初三日，北京城刮着寒冷的风，风的呼啸似哭泣一般，老态龙钟的太上皇乾隆帝，带着他对权力的不舍和大清辉煌之梦，走完了他八十九年的人生历程，大清国举国治丧。

嘉庆帝韬光养晦多年，终于可以亲政，放开手脚去施展自己的抱负了，他在悲痛中思考着大清国政治权力的重新分配问题。这是一场非常残酷的政治考验，嘉庆能行吗？

斩除和珅变得迫不及待。

嘉庆知道，和珅借太上皇之威，大肆贪污受贿，罪不能恕，他也知

道，和珅在朝中的势力盘根错节，如何撼动？

嘉庆是聪慧的，他早已安排好了如何对付和珅。

乾隆病逝的第二天，嘉庆帝在安排好父亲丧事的有关事项后，就迫不及待地下令夺去和珅军机大臣、九门提督之职，并命他与福长安一起守值殡殿，名为尽孝，实际上是限制他的行动，为惩处他作准备。

朝鲜使者徐有闻记载："正月初四日，即削和珅军机大臣、九门提督等衔，仍命与福长安昼夜守值殡殿，不得任自出入。又召入大学士刘墉、吏部尚书朱珪。珪则为珅中伤，方巡抚江南云。"

随即，嘉庆召见和珅，怒斥他专权跋扈，和珅闻听此言，情知有变，放声大哭。嘉庆表情淡定地问："皇考待你如何？"和珅泣不成声："先帝恩典，天高地厚，奴才没齿不忘。"嘉庆帝说："皇考向来视你为股肱之臣，一刻离不开你。皇考弃天下时留下遗诏，让你随他而去。你不是也常常在皇考面前说要誓以死报朕躬吗？皇考待你不薄，你以身殉死，也是义不容辞的责任。不过是略报隆恩，毕竟是死得其所，算是死而无憾了。"

和珅一听，知道这是嘉庆要杀他了，顿时吓得面如土色。他跪在嘉庆帝面前，叩头如捣蒜一般，并痛哭流涕道："奴才家还有老母妻儿老小，奴才死了，老母再无生理，妻儿也难有生计；奴才死不足惜，让他们怎么办呢？"

嘉庆帝嘴角泛起一丝冷笑："你的阿谀奉承之言尚未落地，岂可转眼就忘？你的表现实在是辜负皇考对你的信任啊！"说完，就喝令和珅出去。

和珅知道，自己大难临头了。

同时，嘉庆帝还以官方形式评价了乾隆帝的历史功绩，揭露了和珅专权下的种种积习流弊，无疑是对和珅的批判。朝中百官很快就看出嘉庆帝要拿和珅开刀，纷纷上奏弹劾和珅的种种不法行为。嘉庆帝也顺水推舟，开始了对和珅的清算。

嘉庆帝不露声色地办好太上皇的葬礼，然后，以治丧为借口暂时免除他的军机大臣、步兵统领等军职，以迅雷不及掩耳之势逮捕了和珅。

乾隆去世后第五天，嘉庆帝为了防止和珅在军机处任意封锁消息的现象发生，遂下谕：内阁、各部院衙门文武大臣，及直省督抚、布政、按东二司，凡有奏事之责者，及军营带兵大员等，以后有陈奏事件，都应直达朕处，不许另有副封奏报军机处。各部院文武大臣，也不得将所奏之事，预先告知军机大臣。即如各部院衙门奏章呈递后，朕可即行召见，面为商酌，各交该衙办理，不关军机大臣指示也。何得豫行宣露，致启通同扶饰之弊耶？

紧接着，嘉庆以给事中王念孙、御史广兴等弹劾为根据，宣布夺大学士和珅、户部尚书福长安职，下狱治罪；特命仪亲王永璇、成亲王永瑆前往宣旨，由护军统领阿兰保监押以行；并命永璇总理吏部、成亲王永瑆总理户部及三库，为铲除和珅做了充足的准备。

正月十一日，嘉庆帝为和珅问题特发上谕指出："朕亲承付托之重，此时突遭皇考去世大故，守孝之中，每思《论语》所说三年无改之义，如我皇考敬天法祖，勤政爱民，实心实政，四海内外，人所共知，方将垂示万年，永为家法，何止三年无改？至皇考所简用的重臣，朕断不肯轻易更换，即使有获罪者，稍有可宽恕的地方，无不想法予以保全，此确实是朕的本意，自必仰蒙皇考明鉴。今和珅罪情重大，并经过科道诸臣列款参奏，实有难以宽恕之处。所以朕于恭颁遗诏之时，即将和珅革职拿问，胪列罪状，特降谕告知大家。"同时将和珅二十项罪行公布于众：

昨于乾隆六十年（1795 年）九月初三日，蒙皇考册封皇太子，尚未宣布谕旨，和珅于初二日在朕前先递如意，泄露机密，居然以拥戴为功，其大罪一。上年正月，皇考于圆明园召见和珅，伊竟骑马直进左门，过正大光明殿，至寿山口，无父无君，莫此为甚，其大罪二。又因腿疾乘坐椅轿抬入大内，肩舆出入神武门，众目共睹，毫无忌惮，其大罪三。并将出宫女子取为次妻，罔顾廉耻，其大罪四。自剿办川楚教匪以来，皇考盼望军书，刻莹宵旰，乃和珅于备路军营递到奏报任意延搁，有心欺蔽，以致军务日久未竣，其大罪五。皇考圣躬不豫时，和珅毫无忧戚，每进见后，出向外廷人员谈笑如常，其大罪六。皇考力疾披

章批谕，字画间有未真，和珅胆敢口称不如撕去另行拟旨，其大罪七。前奉皇考敕旨，令伊管吏部刑部事务，嗣因军需销算，伊系熟手，是以又谕令兼管户部，题奏报销事件，伊竟将户部事务一人把持，变更成例，不许部臣参议一字，其大罪八。上年十二月，奎舒奏循化、贵德二厅贼番聚众，在青海肆劫，和珅竟将原折驳回，隐匿不办，全不以边务为事，其大罪九。皇考升遐后，朕谕蒙古王公未出痘者不必来京，和珅不遵谕旨，令已、未出痘者俱不必来，全不顾抚绥外藩之意，其居心实不可问，其大罪十。大学士苏凌阿两耳重听，衰迈难堪，因系伊弟和琳姻亲，竟隐匿不奏；侍郎吴省兰、李潢，太仆寺卿李光云曾在伊家教读，保列卿阶，兼任学政，其大罪十一。军机处记名人员，和珅任意撤去，种种专擅，不可枚举，其大罪十二。昨将和珅家产查抄，所盖楠木房屋僭侈逾制，其多宝阁隔段皆仿照宁寿宫制度，其园寓点缀与圆明园蓬岛、瑶台无异，不知是何肺肠，其大罪十三。蓟州坟茔设立享殿，开置隧道，致附近居民有和陵之称，其大罪十四。家内所藏珍珠手串二百余，较大内多至数倍，并有大珠较御用冠顶尤大，其大罪十五。又宝石顶非伊应戴之物，伊所藏数十，而整块大宝石不计其数，且有内府所无者，其大罪十六。银两、衣服等件数逾千万，其大罪十七。且有夹墙藏金二万六千余两，私库藏金六千余两，地窖内藏埋银两三百余万，其大罪十八。附近通州、蓟州有当铺、钱店赀本又不下十余万，以首辅大臣下与小民争利，其大罪十九。伊家人刘全不过下贱家奴，而查抄家产竟至二十余万，并有太珠及珍珠手串，倘非纵令需索，何得如此丰饶？其大罪二十。其余贪纵狂妄之处尚难悉数。着将胡季堂原折发交在京文武三品以上官员，并翰詹科道阅看，悉心妥议具奏。如有自抒所见者，另折封陈。

嘉庆以迅雷不及掩耳之势，委派由仪亲王永璇、成亲王永瑆、大学士刘墉、朱珪、王杰等人组成强大的审理班底，对和珅的罪行进行审理。

嘉庆闪电般的行动，敲响了和珅的丧钟。

多行不义必自毙。那个飞扬跋扈、不可一世的和珅一去不返。和珅是否反省和后悔自己的行为？

当北风越刮越烈之时，大清帝国宫殿的飞檐，在碧蓝的天空下舒展着，嘉庆帝开始了属于他的朝代的励精图治。和珅看见了嘉庆帝派人送来的三尺白绫，知道自己气数已尽，挥笔写下了绝命诗：

五十年来梦幻真，

今朝撒手谢红尘。

他时水泛含龙日，

认取香烟是后身。

爱德华兹说："小罪导致大罪，一个罪导致无数的罪。"今人从和珅的身上吸取了什么样的教训呢？

伸手必被捉。这应该是颠扑不破的真理。

嘉庆帝国，从和珅死讯中，走进了新的时代。

家人受牵连

在中国的封建社会，一人犯罪株连九族。和珅死后，他的家人虽然没被诛杀，家道却势必败落，就像秋天的一树绿叶，昨天还苍翠馥郁，一阵寒风吹来，纷纷飘落，零落成泥。

试想，和珅一生贪污了那么多的银两、珠宝，当他把脖子伸进三尺白绫的那一刻，谁来享受这些钱财？人，赤条条来，赤条条去，拥有再多的财富又能如何？

这应该是和珅留给人们最大的教训。

和珅死后，他唯一的儿子丰绅殷德被削去了一等公与贝勒的爵位，只保留伯爵。嘉庆帝的谕旨说："丰绅殷德系固伦额驸。且公主最为皇考钟爱，自应仰体恩慈，曲加体恤，若此时丰绅殷德职衔斥革，齿于齐民，于体制亦觉未协。和珅公爵，系因拿获王三槐所得，应照议革去，着加恩仍留其伯爵，即令丰绅殷德承袭，在家闲住，不许外出滋事。"

嘉庆的宽宏大量，是因为丰绅殷德是自己妹夫的面子。如若不然，恐怕贬为庶民而不丢命就是好的了。

命保住了，精神上的打击却如何承受？

朝廷的抄家还在继续，丰绅殷德每天都战战兢兢。

那天，丰绅殷德刚刚慵懒地从床上爬起来，定亲王绵恩便带着一群士兵又来抄家。此时那些还没有被查抄的房间，也都早就被封条封上了。

此刻，丰绅殷德只能无力地倚在被风雨剥蚀的雕花窗棂上，看着院子里的士兵们，眼睁睁地看着他们撕掉门上、窗上的封条，冲进去翻找东西。

这一天，官府查出他家藏有正珠手串两百余挂，同时查出正珠、朝珠一挂。

朝野震惊，和珅家珠串的数量比皇宫内还要多，且比皇帝用的还大还好。

清史记载：正珠、朝珠是皇帝专用的，一般人严禁拥有，和珅胆大包天，居然拥有这么多上好的朝珠。

嘉庆帝知道后，震惊之余，认为和珅有图谋不轨之心，责令绵恩等人审问和珅家人。

据和珅家人交代："和珅日间不敢带用，往往于灯下无人时私自悬挂，临镜徘徊，对影谈笑，其语言声息甚低，即家人亦不得闻悉。"

嘉庆帝震怒："如果这件事发现在正月十八日以前，即使不照叛逆罪凌迟处死，也要处以大辟。现在事情已经过去，又有皇妹恳请，故开恩维持原判。"

嘉庆帝认定丰绅殷德知情不报，派绵恩等人多次查问，但是丰绅殷德坚持说"实不知情"，并且一直请求皇上开恩，宽大处理。嘉庆帝拿不到丰绅殷德知情不报的证据，再加上看皇妹和孝公主的面子，于是才卜谕旨"加恩免其追问，赏给散秩大臣衔，当差行走"。嘉庆帝又一次免去了丰绅殷德的伯爵爵位。

繁华散尽，烟消云散。丰绅殷德不禁百感交集，心灵的打击如此之大，他跌进了痛苦的万丈深渊。本来就比较淡然的他，从此心灰意懒，看破红尘，在家中吟诗作赋，写字作画，练习武功。在读《道藏》后，他迷上了道教。他颓废，沉沦，沉溺女色，虚度时光。

从他的小诗里，我们可以看出他此时的心情：

朝亦随群动，暮亦随群动；

荣华瞬息间，求得将何用。

形骸与冠盖，假合相戏弄；

何异睡着人，不知梦是梦。

丰绅殷德在家禁锢多年，看透了世事，专心道教，经常与方士、道士往来，崇尚无为，习拳弄棒，操练武术，大讲养生之术，自号"天爵道人"。丰绅殷德从小体质不好，遭此大难，整天郁郁寡欢，在及时行乐的思想支配下，纵情声色，思想颓废，日渐衰老。

丰绅殷德在《观我观物诗八首》一诗写道："功名事业俱泡影，埋骨何劳墓志铭。"其郁闷和消极，一目了然。

嘉庆看了他的表现，非常放心。嘉庆十一年（1806年），嘉庆帝授予他"头等侍卫，擢副都统，赐伯爵衔"。不久，丰绅殷德以散秩大臣之职，奉命带病出京到西北边疆的乌里雅苏台地区任职，从此"星驰瀚海，日近斗魁，秉公执法"。

嘉庆十五年（1810年）二月，丰绅殷德的病情加重，请求解任回京。虽经多方求医，但终因不治于当年五月去世，终年三十六岁。在他临死之前，嘉庆帝"念其平日小心供职，赏给公爵衔"。

丰绅殷德一生无子，只有二女，他去世时二女尚年幼。后来固伦和孝公主过继了一个儿子，名叫福恩。福恩承袭了三等轻车都尉世职。

和珅死后，公主面对着一蹶不振的丰绅殷德，肩负起持家的重任，她收租、理财，事无巨细，把各项事务管理得井井有条，显得十分干练，家人及其他人都说她管理得和府"内外严肃，赖以小康"。

道光三年（1823年）九月，固伦和孝公主因病去世，终年四十九岁。道光帝赐银资助料理丧事，并亲临公主灵堂祭奠。

因为和珅事败，乾隆帝十分宠爱的固伦和孝公主，终于在磕磕绊绊中度过了她命运多舛的一生。

和琳之子丰绅宜绵，受和珅一案牵连，年纪轻轻就精神不振，亦很

早就过世了。

　　和珅之案，连累其家人，虽没有被惩处和充军外地，但被贬为庶民，家道中落，和家人终被淹没于芸芸众生之中。

　　顶峰上的白绫在风中悠然飘过，和珅死无葬身之地，教训发人深省，应该引起后人的警觉。